W0078569

Gärtnern –
die neue Freiheit!

Sabine Reber

blv

FOTOS: STÖH GRÜNIG

INHALT

VORWORT

Papiergärten

Früher hatten Gartenbücher für mich die gleiche Funktion wie Gourmetliteratur. Ich las gern über unerreichbare Perfektion, ich schaute perfekt blühende Latifundien mit mehr oder minder geschmackvollen Accessoires genau so neidlos gern an wie die barock- oder ikebanagestylten Platten und Teller großer Köche. Das Bewusstsein, dergleichen sowieso nicht zustandezubringen oder auch von den bloßen materiellen Voraussetzungen dafür weit entfernt zu sein, gab der Lektüre etwas Vergebliches. Bewunderung, Neid, Resignation, das waren die Lesefrüchte der papierenen Gärten und Tische.

Bei kulinarischen Märchenbüchern ist das – jedenfalls bei mir – so geblieben. Aber in den Gärten hat sich sachte Mut, Frechheit und Selbstbewusstsein ausgesät und lässt sich nicht mehr ausreißen. Im Gegenteil, das wuchert hübsch und anregend vor sich hin, und Sabine Reber hat daran keinen geringen Anteil. Die Gartenautorinnen und -autoren der Vergangenheit ließen ihre Leser oft mit einem Unterlegenheitsgefühl zurück, Sabine Reber sagt dagegen: Komm, das kannst du auch. Es wird blühen und gedeihen, egal, wie groß oder klein dein Fürstentum ist. Statt Orthodoxie pflanzen wir Neugier. Was passiert, wenn? Wenn ich das säe, jenes durcheinanderwerfe, diese Nachbarschaft ausprobiere oder jene als unmöglich gescholtene Kombination?

Wenn Gärtnern heißt, dem eigenen Stück Boden immer wieder Überraschungen abzugewinnen, dann ist Sabine Reber eine kundige und phantasievolle Begleiterin. Nicht ohne Strenge, aber mit immer neu keimendem Optimismus zeigt sie, dass Überfluss und Schönheit nicht von materiellen Möglichkeiten oder Grundstücksgrößen abhängen, sondern von der Liebe. Wie bei jeder ordentlichen Liebe darf der oder die Liebende Arbeit nicht scheuen. Von nichts kommt nichts, das ist auch im Garten so. Auch lernen muss man wollen, aus den tausend grünen Fehlern, die einen immer weiterbringen auf dem Weg zur blühenden Seligkeit, wenn dieser auch oft mühsam und buchstäblich steinig ist.

Vollendung gibt es im Garten nur für Momente, und manchmal verpasst man sie, weil man schon zu weit in die Zukunft guckt. Man kann sich das abgewöhnen, und Bücher wie die von Sabine Reber helfen dabei. Es ist in letzter Zeit viel die Rede von Entschleunigung, und grade die, die unablässig digital unterwegs sind, benutzen das scheußliche Wort mit kundig bekümmertem Unterton. Ein Garten zeigt einem ganz einfach, was Zeit ist. Am Schnittlauch oder am Apfelbaum zu ziehen bringt nichts. Das Wachsen braucht, so lang es eben braucht, und der Mensch bringt sich seit einiger Zeit um das Vergnügen, dabei zuzuschauen. Das kann man lernen, und wenn man es dann wieder kann, ist das Leben plötzlich reicher. »Gärtnern hat mich Gelassenheit gelehrt«, sagt Sabine Reber. Sie zeigt in vielen Einzelheiten, wie das Gärtnern das fertigbringt. Natürlich sind da oft wiedergefundene, jahrzehntelang verschüttete oder sogar verachtete Fertigkeiten im Spiel. Meine Bauerngroßmutter hätte solche Bücher nicht verstanden und sie für überflüssig gehalten. Es war doch immer weitergegeben worden, wie man mit dem Boden umgeht, was man ihm abverlangen kann, aber auch, was er einem freiwillig schenkt. Das einst Selbstverständliche wiederzuentdecken ist zur Mode und damit zu einer gut funktionierenden Industrie geworden. Aber da spielt die Gärtnerin Reber in ihrem Buch auch nicht mit. Ihre Ratschläge sind liebevoll, manchmal arbeitsintensiv, nie teuer. Wer sich jemals in Gartencentern seelisch und finanziell verirrt hat, wird es ihr danken.

Das Sprichwort vom Buch, das ein Garten sei, den man in der Tasche tragen könne, darf ergänzt werden: Manche Bücher weisen und finden den Weg aus der Tasche, in die Erde und ins grüne Glück.

Eva Demski, Frankfurt, November 2012

GÄRTNERN GEGEN ALLE REGELN

Gärten gehören zu den letzten Freiräumen, die uns heutzutage bleiben. Lassen wir uns also den Gartenspaß nicht von übermäßig vielen Regeln und komplizierten Anweisungen vermiesen! Vieles kann man so oder auch anders machen, Hauptsache, nicht nur die Pflanzen, sondern auch wir selbst fühlen uns dabei wohl.

»Gärten bedeuten
für mich Freiheit,
und Regeln sind
nun mal das Gegen-
teil von Freiheit.«

BUDDELN, UM DIE WELT ZU RETTEN

Immer wieder höre ich: »Hier kann man doch keinen Garten anlegen«, »Bei uns wächst doch eh nichts«, »Das lohnt sich hier nicht mehr«, oder: »Ich habe einfach keinen grünen Daumen.« Dann taugt der Boden nicht, das Haus gehört einem ja gar nicht, die neuen teuren Pflanzen könnten gestohlen werden, am Haus entlang führt eine lärmige Hauptstraße, oder man weiß nicht, ob man vielleicht nicht doch die Scheidung einreichen will und dann alles aufgeben muss. Ausreden, keinen Garten wagen zu müssen, gibt es wie Sand am Meer. Wobei eigentlich jeder gerne einen Garten hätte. Oft sind es aber auch die strikten Regeln sogenannter Gartengurus, die Anfänger davon abhalten, überhaupt auch nur versuchshalber etwas zu pflanzen. Nachbarn oder Verwandte, die alles besser wissen, die sowieso und mit absoluter Gewissheit überzeugen wollen, dass dieses und jenes an dem Ort mit Sicherheit niemals gedeihen kann oder dass man aus diesem und jenem Grund nicht in der Lage sei, sich ausreichend darum zu kümmern. Vergessen Sie es einfach. Man sollte nicht auf solche Ratschläge hören. Je länger ich gärtnere, desto mehr misstraue ich sowieso allen Gartenregeln.

SABINES TIPP

Wo kein Garten ist, kann einer geschaffen werden. Vielleicht lässt sich ja der triste Hinterhof begrünen, oder vor dem Haus gibt es Baumscheiben, die noch niemand bepflanzt hat. Meinerseits mag ich auch geliehene Gärten – viele Gartenbesitzer sind ja froh, wenn sie ihren Garten nicht alleine bebauen müssen und geben gerne ein paar Beete ab.

Vom Sinn des Gärtnerns

Gärtnern bedeutet für mich Freiheit, und Regeln sind nun mal das Gegenteil von Freiheit. In meinem Garten mache ich, was ich will. Ich säe, was ich will und wo ich will. Ich entscheide selbst darüber, ob diese und jene Pflanze bei mir vielleicht gedeihen mag oder nicht. Neulich verriet mir eine Bekannte, dass sie so gern etwas eigenes Gemüse anbauen würde, doch das gehe eben nicht. »Warum nicht?«, habe ich sie gefragt. Und sie hat mir erklärt, dass sie nur am Nachmittag von zwei bis drei Uhr Zeit habe, und um diese Zeit dürfe man ja niemals Pflanzen gießen, also könne sie auf keinen Fall einen Garten anlegen. »Wer hat denn das gesagt?«, habe ich ausgerufen. »So ein Quatsch! Sich eine ganze Stunde pro Tag um die Pflanzen kümmern zu können, das ist doch wunderbar, da kannst du schon ziemlich viel erreichen.« Und ich habe

versucht, sie zu beruhigen, dass es ihren Salaten und Kräutern egal sein würde, wenn sie jeweils am Nachmittag gegossen und gepflegt werden. »Aber man darf doch am Nachmittag niemals im Garten gießen«, insistierte meine Bekannte, »man darf das wirklich nicht, das sagen doch alle!« »Ja, das sagen alle«, antwortete ich, »aber vergiss es einfach.«

Gegen die Regeln

Ich gieße oft am Nachmittag, was gegen alle Regeln ist, aber vorher komme ich nun mal nicht in meinen kleinen Seegarten in Twann. Und die Pflanzen haben sich längst daran gewöhnt, mir scheint, sie halten jeweils wacker durch in der Mittagshitze, weil sie ja wissen, dass ich nachher komme und sie mit der Gießkanne erlöse. Nun habe ich sogar eine Studie dazu gefunden (New

Phytologist, 2010), die belegt, dass es überhaupt keine Rolle spielt, zu welcher Tageszeit Pflanzen gegossen werden. Hauptsache, sie erhalten an heißen Tagen regelmäßig Wasser. Überall liest man, dass Wassertropfen auf den Blättern wie Brenngläser wirken und Brandflecken verursachen. Die Wissenschafter konnten aber nachweisen, dass das Wasser von den Pflanzen sogar im Gewächshaus schneller abtropft, als dass es Schaden anrichten könnte. Und schließlich kommt es auch in der Natur vor, dass nach einem Regen gleich wieder die Sonne scheint. Die Pflanzen sind darauf eingerichtet und haben damit kein Problem. Einzig bei haarigen Blättern wie Tomaten oder Pelargonien sollte man etwas aufpassen, weil die Wassertropfen in den Haaren haften bleiben und nicht so schnell abtropfen. Hier gieße ich immer nur die Erde, ohne dabei die Blätter nass zu machen. Und auch das kann man selbstverständlich am Nachmittag erledigen.

Einziger Nachteil des Gießens am Nachmittag ist, dass das Wasser in der Mittagshitze etwas schneller verdunstet. Dafür kühlt die Ver-

dunstung die Pflanzen, und das tut ihnen im Hochsommer nur gut. Auf Mehltau anfällige Rosen, Phlox oder Topinambur dusche ich an heißen Tagen mit dem Gartenschlauch kalt ab. Diese kalte Dusche hilft auch Blattläuse vertreiben. Die mögen nämlich die Kälte nicht, die bei der Verdunstung des Wassers entsteht. Auch Spinnmilben, die sich besonders an heißen, trockenen Tagen vermehren, lassen sich mit Wasser in Schach halten. Und so verhält es sich mit vielen Gartenregeln, die gut meinende, »erfahrene« Gärtner einem hier und dort mit auf den Weg geben. Meine Nachbarn erklären mir noch heute, was alles nicht gehe und was ich alles falsch machen würde. Inzwischen ist es mir aber völlig egal, da meine Blumen auch blühen, wenn ich sie so pflege, wie es meinem Tagesablauf und meiner Laune entspricht. Und meine Tomaten schmecken genauso gut, und meine Kartoffeln wurden sogar größer als die der Nachbarin, die alle Gartenarbeiten absolut regelgetreu, dafür aber ziemlich lieblos verrichtet.

Scheinbar Unmögliches

Neulich hab ich jemandem einen Korb Feigen aus meinem Garten gebracht, und der merkte nur an, dass Feigen bei uns nicht wüchsen und falls doch niemals reif würden. Tja, selbst schuld, wenn er es nicht glaubt und es nicht einmal einfach selbst versuchen will. Ich jedenfalls genieße meine eigenen Feigen Sommer für Sommer und hatte noch nie ein Problem damit, außer dass ein paar dreiste Blaumeisen die leckeren Früchte ebenfalls sehr schätzen. Natürlich muss man eine Sorte wählen, die mit dem lokalen Klima zurechtkommt, in kälteren Gegenden also eine, die sehr früh reift. Um die richtige Sorte zu finden, holt man sich Rat in einem seriösen Gartencenter oder in einer Baumschule. Überhaupt: Jede Menge Gartenprobleme ließen sich vermeiden, würde man nur qualitativ hochwertige Pflanzen kaufen!

Einen Garten kann man überall anlegen

Wenn morgen die Welt unterginge, ich würde heute einen Baum pflanzen, ein Samenkorn säen und ein paar Blumenzwiebeln verbuddeln. Egal, wer alles mir sagt, dass das nicht gehe oder jetzt keinen Sinn mehr mache. Allein die Geste würde zählen, wenn auf alles andere kein Verlass mehr wäre, allein der Versuch wäre es wert. Gärtnern heißt, an die Zukunft glauben und auch einen Beitrag dazu leisten. Je hässlicher ein Ort ist, desto größer ist die Herausforderung – gerade und trotz der widrigen Umstände –, genau dort einen Garten anzulegen.

Im schweizerischen Biel habe ich in einer Arbeitersiedlung ein renovierungsbedürftiges altes Häuschen vorgefunden. Der Garten war von hohen Thujenecken umgeben und mit riesigen Kirschlorbeerbüschen sowie Rhododendren bepflanzt, die ihre besten Tage längst hinter sich hatten. Die Rosenbeete stammten aus den 1970er-Jahren, und über allem ragte eine gigantische Tanne, deren Wurzeln dem Boden weiträumig jegliche Nährstoffe entzogen hatten. Daneben gab es jede Menge Waschbetonplatten und Stellbalken aus Beton, alles in allem nicht gerade ideal, doch ich wollte wissen, ob sich auch ein solches Grundstück in einen attraktiven Garten verwandeln ließe.

Da auch die Fassade des eigentlich abbruchreifen Hauses entsprechend trostlos aussah, habe ich erst einmal versucht, eine kümmernde Rebe und eine überalterte Kletterrose wieder zum Wachsen zu bewegen. Das war nicht allzu schwierig. Mein Partner half mir dabei, die alten Triebe herunterzureißen. Anschließend spannten wir solide Drähte entlang der Hausmauer. Und dann haben wir die besten Triebe ausgesucht, bei diesen alle Seitentriebe eingekürzt und sie dann sorgfältig hochgebunden. Die schwächeren Triebe haben wir bodeneben herausgeschnitten. Am Ende bekam die derart »aufgeräumte« Rose einen Eimer voll verrotteten Stallmist, und im Sommer habe ich ihr gelegentlich auch kräftig Wasser gegeben.

Bild 1: Entgegen alter Regeln dürfen Pflanzen auch an einem heißen Nachmittag gegossen werden.
Bild 2: Feigen gedeihen auch in kühleren Gegenden, wenn man die passende Sorte wählt.
Bild 3: Dank liebevoller Pflege trägt die vernachlässigte Rebe bald wieder süße Früchte.

»Eine wilde Mischung aus Blumen und Gemüse verwirrt die Schädlinge und sieht dazu noch hübsch aus.«

GÄRTNERN MIT KOPF UND BAUCH

Dass alles mit allem verbunden ist, gefühlsmäßig ist uns das schon lange klar. Vieles wissen wir, ohne es eigentlich zu wissen, wir fühlen es intuitiv, ja, im Garten lernt man wieder auf seine Intuition zu vertrauen.

Ich kenne Gärten, in denen scheinbar alles wild durcheinanderwächst. Hier helfen sich die Pflanzen gegenseitig und es herrscht ein biologisches Gleichgewicht. Da nicht alles gleichzeitig reift, ist auch stets etwas für die Küche vorhanden. Mitunter pflanze ich selbst alles durcheinander, hier ein paar Erbsen und etwas Kohl zwischen die Strauchrosen, Zucchini im Staudenbeet und Kräuter als Randeinfassung der Blumenbeete. In der traditionellen Landwirtschaft der Vergangenheit war eine große Artenvielfalt selbstverständlich. Die Menschen verstanden intuitiv, dass die verschiedenen Pflanzen voneinander abhingen und sich gegenseitig unterstützten, auch wenn sie dies bisher nicht wissenschaftlich begründen konnten.

Der Basler Forscher Andreas Wiemken hat in abgelegenen Gebieten Indiens Mischkulturen aus Raps, Weizen, Erbsen, Linsen und anderen Hülsenfrüchten untersucht: »Die Frauen gehen jeden Tag in die Felder und ernten, was reif ist, hier ein Büschel für die Kuh und da ein Büschel für die Küche.« Er erklärt, dass die Wurzeln von Pflanzen in Mischkultur unterirdisch über ein gemeinsames Netz feinster Pilzfäden miteinander verbunden sind: »Jede Pflanze trägt mit ihren speziellen Fähigkeiten dazu bei, dieses Pilznetz zu erhalten.« Die Pilze versorgen die Pflanzenwurzeln mit Wasser und Mineralstoffen und erhalten dafür im Gegenzug von der Pflanze gebildete Kohlenhydrate.

Eine andere Form des Sich-gegenseitig-Helfens finden wir bei den Bohnengewächsen. Diese binden Stickstoffe aus der Luft und machen sie so für andere Pflanzen verwertbar. Bäume und Sträucher mit tiefen Wurzeln holen bei Trockenheit Wasser aus der Tiefe und versorgen so das feine Wurzel-Pilz-Geflecht der flacher wurzelnden Pflanzen. Manche Pflanzen wie Hirse können bei viel Sonnenlicht und Wassermangel besonders effizient Fotosynthese betreiben und speisen dann mehr Kohlenhydrate ins Netz ein. So trägt jede Pflanze mit ihren Fähigkeiten dazu bei, das System zu erhalten. (Aus: Koechlin, »Mozart und die List der Hirse«)

Gesundes Misstrauen und liebevolle Zuwendung

Der Garten ist eine Einladung zum Selbstdenken, ein offenes Buch, das immer wieder neu gelesen und interpretiert werden will. Und wir müssen dabei weiß Gott nicht alle zu den gleichen Schlüssen kommen. Jeder Garten ist anders, und wir sollten immer wieder aufs Neue überlegen, was für uns und in unserem

SABINES TIPP

Mit den Pflanzen reden und sie berühren macht Sinn. Neuere Forschungen belegen, dass die Pflanzen unsere Zuwendung sehr wohl spüren. Wenn sie auch nicht jedes Wort verstehen, so nehmen sie doch gutes Zureden als positive Schwingungen wahr. Auch eine freundliche Geste dürften sie als solche erkennen. Und falls nicht, so tut es sicher uns selber gut.

Umfeld Sinn macht und was nicht. Wenn ich eine mächtige große Bambuswurzel in der Hand halte und mit dem Finger über die vielen schlafenden Augen fahre, dann ist mir sofort klar: Das gibt Ärger, und zwar Riesenärger! Um das zu wissen, bedarf es keines Fachwissens. Es reicht vielmehr, genau hinzuschauen und auf den eigenen Eindruck zu vertrauen. Wenn mir mein Gefühl sagt, diese Wurzeln oder diese Samen besser nicht in meinem Garten auszusetzen, dann lasse ich es eben bleiben. Oder ich säe die unbekannten Pflanzen in Quarantäne und beobachte sie, bis ich mir sicher bin, was da heranwächst. Einmal hatte ich eine solche dubiose Saat, und wie befürchtet handelte es sich dann tatsächlich um den Riesenbärenklau. Es soll mir auch niemand kommen mit Japanischem Knöterich, Springkraut oder Platterbsen und dergleichen. Ich staune immer wieder, was manche Gutmenschen in ihrer grenzenlosen Naivität so alles verschenken. Je besser sie es meinen, desto vorsichtiger bin ich mit solchen Gaben. Im Zweifelsfall ist es bei namenlosen Pflanzen immer ratsam, ein gesundes Misstrauen zu bewahren. Manche Pflanzen wachsen nämlich viel schneller, als es auch dem größten Gartenmuffel lieb sein kann, und hat man sie erst einmal am Hals, dann wird man sie kaum mehr los.

Liebevolle Pflege

Ich bin immer wieder überwältigt, wie Pflanzen auch auf nur ein wenig Pflege reagieren. Die Glyzine in meinem Gärtchen am Bieler See blüht den ganzen Sommer durch, seit ich sie regelmäßig schneide. Vorher hat sie nur ein Dickicht aus Laub gebildet. Die Sonnenblumen, die wir mit Wasser und Mist verhätschelt haben, sind vier Meter hoch geworden und blühten monatelang. Einige Exemplare, die ich zum Vergleich sich selbst überlassen habe, wurden gerade mal einen Meter hoch und bildeten lediglich eine einzelne Blüte, gerade genug, um sich trotz widriger Umstände noch vermehren zu können. Und dem Feigenbaum hat viel gutes Zureden wohl auch geholfen, neben regelmäßigen Wassergaben. Und einem kräftigen Rückschnitt im Frühling. Er hat uns dafür den

ganzen Sommer lang mit Früchten beschenkt, korbweise süße saftige Feigen. Wie wunderbar, dass die Pflanzen unsere Mühe so vielfach belohnen. Liebevolle Zuwendung ist sowieso das A und O im Umgang mit Pflanzen. »Needs some TLC!«, höre ich meine irische Gartenfreundin Helen Dillon ausrufen, wann immer ich ein vernachlässigtes Gewächs sehe. Tender Loving Care, liebevolle Zuwendung, ist in der angelsächsischen Gartenwelt ein geflügeltes Wort angesichts kränkelnder Pflanzen. Besser kann man es nicht auf einen Nenner bringen, was Pflanzen eigentlich brauchen. Und was den berühmten »grünen Daumen« betrifft: Wie schon gesagt bin ich überzeugt, dass es keinen grünen oder nichtgrünen Daumen gibt. Es gibt einfach Menschen, denen intuitiv klar ist, dass Pflanzen TLC brauchen. Und denen, die es nicht spüren, versucht man es behutsam beizubringen. TLC bedeutet nicht, die Pflanze mit ständiger Aufmerksamkeit zu überschütten, sondern vielmehr zu merken, wann sie etwas braucht, sei es Wasser, Dünger, einen größeren Topf, oder ob sie besser zurückgeschnitten oder geteilt werden sollte. Und ja, Pflanzen wollen geliebt werden, wie alle Lebewesen übrigens.

Sag's mit Blumen und Bohnen …

Einen Blumenstrauß im Garten pflücken, auf dem Stadtbalkon, im Hinterhof, angereichert mit ein paar Bohnenranken und aufgeschossenem Fenchel – so wird der Sommer wild und bunt. Schnittblumen sind eine besondere Art der Gartenfreiheit. In der Vase ist alles erlaubt, hier können wir unsere kühnsten Traumkombinationen verwirklichen. Anfängerinnen kombinieren auch mal Blumen, die im Garten niemals zusammen gedeihen würden, die schattenliebenden Tränenden Herzen zusammen mit Mariendistelblättern, das wird auch in der Vase nicht gut gehen, da die stacheligen Blätter die zarten Blüten verletzen. Manche Pflanzen sind eben äußerst fragil und andere ziemlich stachelig. Das ist auch im Garten zu berücksichtigen, wenn wir Pflanzen miteinander kombinieren wollen. Mit Schnittblumen probiere ich neue Kombinationen für die Beete aus, schaue mir genauer an, was zusammenpassen könnte und was vielleicht doch eher nicht. Sträuße zu binden ist überhaupt eine gute Lehre für angehende Blumengärtne-

Bild links: Riesige Bambuswurzeln sollten nicht leichtfertig verpflanzt werden. Entweder eine gute Sperre bauen oder lieber die Finger weg davon!
Bild rechts: Die Kletterrose 'New Dawn' fühlt sich wohl an einem sonnigen, luftigen Platz, wo sie von diversen Sommerblumen und Gemüsen umspielt wird. Sie ist ein ausdauernder Blüher.

rinnen und Blumengärtner! Da lässt sich völlig frei von allen Regeln experimentieren, und ganz nebenbei wird der eigene Geschmack entwickelt. Beim Binden fassen wir die Blumen auch anders an als im Garten und lernen sie aus der Nähe kennen; hier begreift man, wie sich eine gesunde Rosenblüte anfühlt, wie leicht die Stängel von Jungfern im Grünen brechen können oder wie rasch auch eine saftige Zinnie dahinfaulen kann. Blumen arrangieren wird von Gartenprofis oft belächelt, aber beim genauen Hinschauen und Verarbeiten der Blumen habe ich wahrscheinlich mehr über das Wesen der Pflanzen gelernt als aus hundert klugen Büchern.

Gesunde wilde Mischung

Neulich hatte ich eine Diskussion mit einem Nachbarn, der mir erklärte, das Gemüse gehöre auf die eine Seite, die Blumen auf die andere. Denn Ordnung müsse schließlich sein. Ich war gerade damit beschäftigt, Kohlrabisetzlinge in die Lücken zwischen meinen Rosen zu pflanzen. Im Gemüsegarten wimmelte es nur von

Weißen Fliegen, und so dachte ich mir, dass die lästigen Viecher den Kohlrabi bei den Rosen drüben vielleicht nicht finden würden. Die Rechnung ging auf, und wir konnten uns an leckerem saftigen Kohlrabi erfreuen. Für die Schädlinge ist eine schöne Reihe von ein und demselben Gemüse nämlich wie ein Regal im Supermarkt, aus dem man sich bedienen kann, ohne lange danach suchen zu müssen.

So wachsen auch ein paar meiner kostbaren seltenen Engelbohnen im Staudenbeet, wo ihre Ranken zudem ganz hübsch aussehen. Und die Läuse haben sie bis jetzt noch nicht gefunden, weil sie wohl schlicht zu verwirrt sind von dem ganzen Durcheinander! Nicht zu vergessen: Die wilde Mischung aus Blumen und Gemüse sieht außerdem ganz hübsch aus! Am Zaun entlang ragt Mais aus den Zinnien und Salvien hervor und zwischen den Kürbissen recken sich nun die Gladiolen. Gärtnern heißt schließlich, dass wir jederzeit die Freiheit haben, unsere eigene Ordnung zu erfinden!

Mit dem Hintern voran

Gartenkalender und Bauernregeln sind eine feine Sache. Aber auf die Frage, wann nun genau der richtige Zeitpunkt zum Säen und Pflanzen sei, kann die Agenda letztlich nur ungefähre Antworten geben. Lieber vertraue ich da auf meine Nase, auf mein Fingerspitzengefühl und auf meinen Hintern. Die Erde im Gemüsegarten muss sich in den Händen feinkrümelig und porös anfühlen. Klebt sie an den Fingern, ist es zu nass. Und gute, warme Gartenerde muss auch richtig gut und fruchtbar riechen. Zu kalte Erde riecht nämlich nach gar nichts, erst mit steigenden Temperaturen

Bild unten: Strauchbasilikum 'African Blue', Löwenmäulchen und die bronzefarbenen Blüten des Federmohns (Macleaya cordata) *fügen sich zu einem üppigen Sommerstrauß.*
Bild rechts: Von den duftenden Edelwicken jeden Tag ein Sträußchen pflücken, so bilden sich immer neue Blüten!

beginnt sie zu leben und verströmt dann diesen typisch erdigen, sinnlichen Frühlingsduft eines frisch gepflügten Ackers. Vor allem aber verlasse ich mich auf meinen Hintern. Will man sicher sein, dass der Boden warm genug ist zum Säen, so setze man sich einfach hin. Wenn man dabei weder einen nassen noch einen kalten Hintern kriegt, dann ist der richtige Zeitpunkt gekommen für Direktsaaten, dann ist die Erde auch für die Samen warm genug. Allzu nass darf es nicht sein, weil das Saatgut sonst verfaulen würde. Und zu trocken sollte es auch nicht sein, denn sonst keimen die Samen nicht. Bei Trockenheit also unbedingt gießen, bis alles gekeimt ist, und die Erde immer feucht halten. Es hilft auch, die Saaten anfangs mit einem Vlies abzudecken, so haben sie es wärmer und die Ede trocknet nicht so schnell aus. Das klingt vielleicht kompliziert, ist es aber eigentlich nicht. Samen wollen es einfach schön gemütlich haben in der Erde, also warm und feucht. Das ist doch eigentlich logisch, oder?

Mit den Händen sehen

Im Herbst fühle ich mit den Händen, ob die Erde noch warm genug ist für Blumenzwiebeln. Ich grabe kleine Löcher, immer etwa doppelt so tief, wie die Zwiebeln lang sind. Große Kaiserkronen und Hyazinthen werden also recht tief eingegraben, Narzissen und Tulpen fühlen sich eine gute Handbreit unter dem Boden wohl. Ich lege die Zwiebeln sorgfältig mit den Wurzeln nach unten hinein, decke sie mit lockerer Erde zu, »damit sie es schön warm haben«, wie meine Tochter sagt. Tatsächlich ist der Boden noch gar nicht so kalt im Herbst, und da es nun etwas mehr regnet, haben die Zwiebeln alles, was sie zum Anwachsen brauchen. In den nächsten Wochen werden sich ihre Wurzeln entwickeln und im Frühling zeitig ihre Triebe aus dem Boden strecken.

Meine Tochter und ich verbringen oft ganze Nachmittage damit, Narzissen in die Wiese zu pflanzen. Am natürlichsten sehen Zwiebelblumen im Gras aus, wenn man die Zwiebeln einfach in großem Bogen auf den Boden wirft und sie dann genau dort einpflanzt, wo sie hingefallen sind. Auch Schachbrettblumen (*Fritillaria meleagris*) eignen sich zum Verwildern im Gras, sie gedeihen besonders gut an feuchteren Stellen. Den Tulpen hingegen gefällt es in den Beeten meist besser, und sie sollten keinesfalls allzu nass stehen. Wildtulpen wie beispielsweise *Tulipa clusiana* oder die weiße *Tulipa turkestanica* gedeihen am besten in einem Steingärtchen mit guter Dränage. Man sollte wissen, wo eine Pflanze in der freien Natur wächst und wo sie herkommt. Manchmal führen Sich-Informieren und erst einmal ein bisschen Überlegen schneller zum Ziel, als gleich voller Enthusiasmus loszulegen. Hier kommt es auf die richtige Mischung von Wissen und Intuition an.

Spüren, wann Pflanzen Wasser brauchen

Gießen ist eine Kunst für sich. Zu viel ist nicht gut, und zu wenig ist auch nicht gut. Falsch gießen ist ebenfalls schädlich für die Pflanzen. Um sicher zu sein, ob eine Topfpflanze gegossen werden muss, bohre ich mit dem Finger in die Erde. Ist das Substrat

Bild links: Zeitig im Frühjahr werden empfindliche Setzlinge schon mal in der Küche vorgezogen.
Bild rechts: Gute, fruchtbare Erde, gesunder Mist und reifer Kompost riechen angenehm. Übel riechendes Material sollte gar nicht erst auf die Beete gebracht werden.

trocken, dann heißt es gründlich wässern. Topfpflanzen gieße ich so lange, bis etwas Wasser durch das Abzugsloch hinausläuft. In den Gartenbeeten aber gieße ich nur neu Gepflanztes regelmäßig, und auch diese jungen Pflänzchen wässere ich so, dass sich der Boden ordentlich vollsaugen kann. Und dann lasse ich sie wieder in Ruhe, bis der Boden trocken ist. Häufig, aber nur ein bisschen gießen schwächt die Pflanzen auf Dauer, weil sie dann nur flache Wurzeln bilden. Gut eingewachsene Pflanzen gieße ich nur zur Not, wenn es länger heiß und trocken ist. Und auch dann gieße ich erst, wenn sie wirklich durstig aussehen, und wässere sie einmal lange und gründlich. So bilden die Pflanzen tiefe kräftige Wurzeln und brauchen insgesamt weniger Wasser.

Die Nase weiß Bescheid

Manchmal rieche ich einfach, was gerade im Garten los ist. Insbesondere beim Humus. Guter Humus duftet erdig, frisch und fruchtbar. Man riecht doch einfach, ob der Kompost reif ist oder ob Mist gut ist oder nicht. Stinkender Mist ist meist voller Chemikalien und kommt mir nicht in den Garten. Guter Biomist riecht dagegen angenehm. Und man riecht doch auch, wenn etwas faul ist. Wenn etwas fault, dann hat man ein Problem, da Fäulnis unweigerlich die Schnecken anzieht, die nichts so sehr lieben wie faulendes Pflanzenmaterial. Man riecht auch, ob eine Frucht reif ist. Und manchmal führt uns die Nase zu blühenden Pflanzen, die wir vielleicht sonst in einer Gartenecke vergessen und verpasst hätten. Königslilien zum Beispiel, die ihr süßes Parfüm oft schon verströmen, bevor sie richtig aufgehen. Oder die Nachtkerzen, die irgendwo am Rand des Gartens ganz von allein aufgetaucht sind. Ich rieche sie schon, lange bevor ich sie sehe, und vielleicht hätte ich sie überhaupt gar nicht gesehen, wäre nicht ihr Duft, der mich geradezu magisch anlockte.

Auch beim Jäten rieche ich oft schon, welche Sämlinge ich vor mir habe. Indianerminze oder Brennnessel? Klarer Fall. Und diese winzigen Pflänzchen im Kies, ist das tatsächlich Bohnenkraut? Oder

Lavendel? Oder sind es gar Bergsalvien? Ein Blättchen zwischen den Fingern zerreiben und daran schnuppern, und schon ist der Fall klar. Bärlauch oder Maiglöckchen? Kein Zweifel. Ja, gerade auch beim Ernten von Kräutern sollte man sich auf die Nase verlassen, da eben nicht alles bekömmlich ist, was vielleicht auf den ersten Blick so aussieht. Und schließlich schnuppern die Tiere ja auch an den Pflanzen, bevor sie etwas fressen!

Lavendel für faule Gärtner

In Biel habe ich das Beet entlang der Einfahrt mit großen Lavendelbüschen bestückt, überhaupt eignen sie sich gut für eine Randbepflanzung, wo man sie im Vorbeigehen streift und ihren Duft freisetzt. Und Lavendel muss überhaupt nicht immer blau sein. Seit einigen Jahren begeistert mich der englische Lavendelzüchter Simon Charlesworth von der Downderry Nursery. Auf der Chelsea Flower Show zeigt er jeweils seine vielfältigen Lavendelzüchtungen, und gewinnt auch jedes Mal eine Medaille für seine wunderbare Ausstellung. In kleinen Töpfen sehen die weißen und rosaroten Lavendel ausgesprochen hübsch aus. Ich habe sie nach Twann gebracht, wo ich ein kleines Gärtchen am See pflege. Dort freuen sich die Passanten über die exotisch anmutenden Blüten. Ein besonderer Hingucker ist der Schopflavendel (*Lavandula stoechas*), von dem Charlesworth auch eine weiße Sorte anbietet. Mit den propellerartigen Hochblättern zieht er immer neugierige Blicke auf sich, besonders die Kinder sind fasziniert von seinen verspielten Blüten. Die jungen Pflanzen dieser speziellen Sorten pflanze ich anfangs jeweils in Terrakottatöpfe, damit sie gut zur Geltung kommen. Wenn sie dann größer werden, kommen sie in den Garten. Schopflavendel sind jedoch etwas weniger winterhart als die üblichen Sorten aus der Provence. In kühleren Gegenden sollten sie mit den Kübelpflanzen überwintert werden. Normaler Lavendel (*Lavandula angustifolia*) ist hierzulande winterhart.

Größere Lavendelsträucher werden im Herbst zurückgeschnitten. Anfänger haben manchmal Angst davor, die Büsche zu schneiden, aber Lavendel treibt immer gut aus dem alten Holz wieder aus und man kann problemlos ein Drittel bis die Hälfte der Länge aller Zweige einkürzen. Ich schneide jeweils so viel weg, wie die Platzverhältnisse es verlangen. Auch schneide ich die Büsche möglichst regelmäßig, damit sie dann im nächsten Jahr wieder schöne gleichförmige Kugeln bilden. Lässt man den Lavendel hingegen jahrelang ohne Rückschnitt wachsen, hat man am Ende einen hässlichen Besen übrig.

Einfach und pflegeleicht

Außer dem Rückschnitt muss man zur Pflege von Lavendel so gut wie nichts wissen. Lavendel kommt gerade auch in einem heißen Sommer bestens zurecht. Natürlich muss er in Gefäßen gelegentlich gegossen und auch mal gedüngt werden. Wie alle mediterranen Kräuter braucht er aber nicht besonders viel Dünger, und auch an einer kargeren Stelle im Garten kann er gut gedeihen. Bei mir wachsen ein paar Lavendelsträucher direkt im Kies am Rand des ehemaligen Parkplatzes, wo sie kaum Humus zur Verfügung haben. Aber das scheint sie nicht zu stören. Tatsächlich ist Lavendel eine der besten Pflanzen für faule Gärtner oder für Leute, die im Sommer länger verreisen. Wenn er direkt in die Erde gepflanzt wird, muss er noch nicht einmal gegossen werden, außer gleich nach dem Pflanzen. Ansonsten kommt er ganz alleine und praktisch ohne Pflege zurecht. Und nicht nur die Menschen, sondern auch die Insekten lieben ihn.

SABINES TIPP

Lavendel ist eine der genügsamsten Gartenpflanzen. Er braucht mageren, trockenen Boden und wird nie gedüngt und auch nicht gegossen. In diesem Umfeld wachsen die meisten Unkräuter nicht, und auch Schnecken und andere Schädlinge interessieren sich nicht für Lavendel. Unmittelbar nach der Blüte im Sommer wird er geschnitten, dann bleiben die Büsche schön kompakt. Um sortenechten Lavendel zu vermehren, sollten immer Stecklinge geschnitten werden. Aus Samen gedeihen oft nicht die gewünschten identischen Pflanzen!

Bild 1: Südamerikanischer Bergsalbei (Salvia greggii) ist an seinem typisch würzig-süßen Duft beim Jäten schon zu erkennen, lange bevor er blüht.

Bild 2: Auch beim Schopflavendel verströmen bereits die jungen Sämlinge das typische Lavendelaroma.

Bild 3: Das Laub der Maiglöckchen sieht ähnlich aus wie Bärlauch, aber ihre Blüten haben ein unverwechselbares Parfum. Am Geruch erkennen wir auch die essbaren Bärlauchblätter.

»Aus der Not werden die besten Ideen geboren.«

GÄRTNERN MACHT ERFINDERISCH

Gärtner sind Sammler und Bastler. Alte Weinkisten, gebrauchte Joghurtbecher, die abgefahrenen Sommerreifen vom Auto – im Garten wird nichts weggeworfen. Ausgediente Helme vom Schrottplatz dienen kurzerhand als Pflanzkübel, und in den zu klein gewordenen Kinderstiefeln sprießen ein paar Blümchen. Auch ausgemusterte Stühle lassen sich gut bepflanzen; sie halten zwar nicht ewig, sind aber lustige Hingucker für eine Saison oder zwei. Unser Gartenhaus haben wir aus drei alten Kleiderschränken gezimmert, und als die Kinder nicht mehr darin spielten, funktionierten wir es mit ein paar zusätzlichen Brettern aus dem Sperrmüll zum Hühnerhaus um.

Besonders ergiebig ist der Sperrmüll zum Bauen von Frühbeetkästen. Hierbei sind der Fantasie keine Grenzen gesetzt. Wenn ich mich in Schrebergärten umsehe, staune ich über die Kreativität der Gärtner! Neulich habe ich ein Tomatenhaus bewundert, das aus alten Petflaschen bestand, die lediglich an Schnüren aufgereiht und an einem Dachbalken befestigt waren. Eine wunderbare Idee, und außerdem sah das richtig futuristisch aus.

Gute Kinderstube in der Küche

Ich schiebe die Ranken meiner Edelwicken beiseite, die Setzlinge der Tomaten und den Koriander, die Zinnien, die Kosmeen und die Sonnenblumen und setze Wasser für einen Tee auf. Im Frühling gleicht meine kleine Küche einem Gewächshaus. Es ist der hellste Raum, den ich zur Verfügung habe. Wer in der Stadt gärtnert, muss erfinderisch sein. Der alte Terrazzoboden eignet sich

perfekt für Pflanzarbeiten; ich arbeite sowieso am liebsten auf den Knien. Außerdem ist es hier schön warm, und ich habe laues Wasser zur Verfügung. Mir tut es immer leid, die zarten Wurzeln nach dem Pikieren kalt zu übergießen. Meine Tochter hat auch ihren Spaß daran, wie wir das Dickicht der Edelwicken auseinanderzupfen und sie in größere Gefäße umquartieren. Sie zeigt ihren Puppen die fleischigen Keimblätter der Zucchini, die langen Stiele der Sonnenblumen und die zart gefiederten Kosmeen, nennt ihnen die lateinischen Namen: *Zinnia elegans, Lathyrus*

Bild rechts: Aus alten Zivilschutzhelmen wuchert Efeu und in bunten Zinkkübelchen gedeiht Portulak. Die Fensterkästen sind bepflanzt mit Surfinien und Calibrachoa, *dunkellaubigen* Ipomoea batatas, *Sanvitalien und* Osteospermum.

odoratus, Helianthus annuus. Natürlich ist das Tischtuch nun voller Erde, aber ein bisschen Stil muss schon sein, ich bestehe auf dem weißen Tischtuch.

Und so knirscht der Salat dieser Tage nicht nur zwischen den Zähnen, weil ich ihn schlecht gewaschen habe. Egal, ist eh alles Bio, und in der Aussaaterde hat's doch auch wertvolle Spurenelemente, hoffe ich jedenfalls!

Ein Beet muss nicht flach sein

Von den Permakulturgärtnern habe ich auch gelernt, dass Beete nicht flach oder viereckig sein müssen. Da gibt es Krater und Sonnenfallen, da gibt es Teiche inmitten der Gemüsebeete, die die Wärme ausgleichen. Ich habe bei mir einige große Steine schwarz angemalt und sie vor die Tomaten und das Basilikum gestellt, sie speichern Wärme und geben sie nachts wieder ab. Früher hat man ja Steine immer entfernt. Aber ein alter Bauer in Irland hatte mir mal gesagt, jeder Stein, der kleiner als eine Faust ist, sei ein Dünger. Seither habe ich die Steine in den Beeten gelassen.

Der österreichische Agrarrebell Sepp Holzer hat ein ausgeklügeltes System mit Teichen und Sonnenfallen geschaffen, mit dem es ihm gelingt, auf 1300 Metern über Meereshöhe vielerlei Gemüse und Obst, unter anderem Kirschen, anzubauen. Dabei ist die Natur sein Lehrmeister, er denkt sich in die Pflanzen hinein und begreift die natürlichen Vorgänge seiner Ökosysteme ganzheitlich. Die Permakultur wurde von dem Australier Bill Mollison begründet, der dafür 1981 den Alternativen Nobelpreis erhielt. Sie setzt in noch viel größerem Ausmaß auf Vielfalt als der Biolandbau. Die natürliche Wechselwirkung zwischen Pflanzen, Tieren und der Umwelt wird genutzt, um Obst und Gemüse anzubauen.

»Permakultur ist das bewusste Design sowie die Unterhaltung von landwirtschaftlich produktiven Ökosystemen, die die Diversität, Stabilität und Widerstandsfähigkeit von natürlichen Ökosystemen besitzen. Die Philosophie hinter der Permakultur ist eine Philosophie, die mit und nicht gegen die Natur arbeitet, eine Philosophie der fortlaufenden und überlegten Observation und nicht der fortlaufenden und gedankenlosen Aktion; sie betrachtet Systeme in all ihren Funktionen, anstatt nur eine Art von Ertrag von ihnen zu verlangen, und sie erlaubt Systemen ihre eigenen Evolutionen zu demonstrieren.« So lautet die ursprüngliche Definition von Bill Mollison. Und dabei spielt es keine Rolle, wie groß oder wie klein das System ist. Jeder soll auf dem Raum, der ihm zur Verfügung steht, möglichst sinnvoll und nachhaltig walten. Dabei ist natürich Fantasie gefragt! Ein gutes Beispiel für Permakultur sind die beliebten Kräuterspiralen. Da wird auf wenig Raum ein effizientes System mit verschiedenen Mikroklimaten geschaffen, das in sich selbst funktioniert.

Über Rosen gehen

Manchmal kommt man aus der Not heraus im Garten auch auf unkonventionelle Ideen. Und so kam es, dass ich nun über Rosen gehe. Ja, ich trete sie mit Füßen, meine geliebten Rosen, um die ganze Wahrheit zu sagen. Nicht alle natürlich, aber gut und gern die Hälfte. Und das sind eben doch schon ziemlich viele. Seit Jahren hänge ich sehr an ihnen, viele habe ich damals vor neun Jahren aus Irland mitgebracht, sie bei jedem Umzug sorgfältig ausgegraben und am neuen Ort wieder gepflanzt. Die meisten habe ich auf diese Art schon drei- oder viermal umgepflanzt, und doch haben sie immer wieder geblüht. Aber jetzt habe ich genug davon, es reicht mit den alten Geschichten, mit den immer gleichen Rosen, und überhaupt. Weg mit den 'Graham Thomas' und den 'Evelyn' und der 'Souvenir du Dr. Jamain', die seit Menschengedenken kränkelt.

Und dann all diese namenlosen Rosen, von denen keiner mehr so genau weiß, wie sie eigentlich in den Garten gekommen sind. Wahrscheinlich hat sie irgendwann mal ein Besucher mitgebracht, an den man sich jetzt gar nicht mehr erinnern will – weg damit. Nach dem überaus strengen Winter im Januar 2012 sahen sie auch nicht mehr so fit aus, insbesondere die englischen Rosen wirkten nach der Kältewelle doch arg mitgenommen. Und als ich die große Häckselmaschine von nebenan lärmen hörte, da kam mir plötzlich die zündende Idee. Eigentlich hatten wir geplant, die Wege in meinem kleinen Seegärtchen in Twann adrett mit feinem Kies zu belegen. Aber eben … warum nicht über Rosen gehen? Und schon hatte ich die Grabegabel in der Hand. Die Wurzeln lösten sich leicht aus dem Boden, da die Rosen ja erst vor zwei Jahre gepflanzt worden waren. Eine um die andere stopfte ich in den riesigen Schlund des Häckslers, leise vor mich hin pfeifend und beschwingt, weil ich damit doch auch die traurige Geschichte meiner verlorenen Gärten schredderte. Sehr zufrieden mit Gott und der Welt trug ich am Ende die Kisten mit den fein duftenden Rosenholzschnipseln zurück in meinen Garten. Ich will jetzt nicht behaupten, dass diese Schnipsel nach Rosen dufteten, sie rochen einfach nach frischem grünem Holz, und das ist an sich schon sehr angenehm.

Bild 1: Eine Sonnenfalle aus Steinen lässt Reben auch in höheren Lagen prächtig gedeihen.

Bild 2: Weglein aus Rosenhäcksel zwischen den Hochbeeten in Twann.

Bild 3: Auch im Garten muss mal entrümpelt werden. Was zu viel ist oder nicht mehr passt, kommt einfach in die grüne Tonne.

»Ein geschwungener
Weg, der sich in
die Ferne windet,
macht neugierig
auf das, was
dahinter liegt.«

UMWEGE ERHÖHEN DIE ORTSKENNTNIS

Je länger der Weg, desto größer scheint der Garten. Also versuche ich, wann immer möglich, geschwungene Wege anzulegen und auch Umwege einzubauen. Das macht den Garten abwechslungsreicher. Manche glauben, offene Flächen würden einen Garten optisch größer erscheinen lassen, aber genau das Gegenteil ist oft der Fall. Nichts lässt einen Garten kleiner und spießiger wirken als eine direkt überschaubare Rasenfläche, die von gestutzten Hecken und kleinen Büschen gesäumt wird. Wenn man alles auf einmal überblicken kann, dann erscheint der Garten nämlich genauso klein, wie er ist. Aneinandergereihte Randbepflanzungen verschlimmern diesen Effekt sogar noch.

Der beste Ausweg aus der Enge ist, die Rasenfläche aufzubrechen, einen Baum mitten hineinzusetzen, oder auch eine Hecke, die quer durch den Garten geht. Ein geschwungener Weg, der aus dem Blickfeld verschwindet und sich geheimnisvoll in die Ferne windet, verleiht ganz neue Tiefe und macht neugierig. Der Blick auf die Grundstücksgrenze sollte auf jeden Fall verstellt werden. So suggeriert man, dass dahinter noch etwas mehr Land liegt. Eine berankte Pergola, ein Rosenbogen oder eine Hecke mit Durchgang lassen den Garten fast immer größer und auf jeden Fall interessanter erscheinen. Bei der Umgestaltung von langweiligen Gärten stecke ich meist erst einmal Pflöcke in den Rasen und spanne Schnüre, um zu verdeutlichen, wie die Fläche unterteilt werden könnte.

Aus Fehlern lernen

Umwege sind auch im Umgang mit Pflanzen nötig. Es muss nicht immer alles sofort und auf direktem Weg klappen. Oft ist es besser, etwas erst einmal selbst auszuprobieren, um dann zu begreifen, warum es nicht geht. Effizienz ist das eine, aber um Zusammenhänge von Grund auf zu lernen und zu verstehen, braucht es eben manchmal Zeit. Obwohl ich nun schon viele Jahre gärtnere, passiert es mir immer noch, dass ich eine vermeintlich gute Idee

SABINES TIPP

Polsterbildende trittfeste Fetthennen wie zum Beispiel die Spanische Fetthenne (*Sedum hispanicum*), die Weiße Teppichfetthenne (*Sedum album* 'Coral Carpet') oder die Rosetten-Fetthenne (*Rhodiola pachyclados*) eignen sich für die Fugen zwischen Wegplatten und bringen Farbe auf sonnige Kieswege.

habe und erst im Nachhinein begreife, warum man das meistens doch nicht so macht. Zum Beispiel Mist. Mist ist gut, jede Menge Mist, egal was für welcher. Davon war ich stets überzeugt, bis ich in meinem Gärtchen in Twann säckeweise Pferdemist von einem Biohof auf die Beete schaufelte … und siehe da, im nächsten Sommer verwandelte sich das Gärtchen in ein Haferfeld! Hafer zwischen den Salaten, Hafer in den Blumenbeeten und Hafer auf den Wegen. Hafer über alles sozusagen. Mir blieb nichts anderes übrig, als mich kopfschüttelnd über meine eigene Blödheit ans Jäten zu machen. Eigentlich hatte ich die Körner im Pferdemist sogar gesehen, es war also vorauszusehen, dass sie auflaufen würden. Aber manchmal ist der Eifer einfach größer als die Intelligenz. Und dann nehme ich mir halt wieder einmal vor, Mist und Kompost in Zukunft ordentlich verrotten zu lassen, bevor ich sie im Garten ausbringe.

Umpflanzen erlaubt

Im Zweifelsfall ist es immer besser, etwas erst einmal auszuprobieren. Vielleicht wächst die Glyzine ja doch am Fuß der Eibe? Hm, es sah ziemlich komisch aus, und nach einigen Monaten habe ich sie dann doch wieder ausgegraben. Wahrscheinlich wäre sie neben der Eibe eh verkümmert, da sie auf Dauer zu wenig Nährstoffe abbekommen hätte. Also pflanzte ich sie kurzerhand an den Rand des Rosenbeets. Dort gefiel es ihr zwar besser, aber sie war mir und auch den Rosen bald im Weg. Jetzt hat sie im Seegärtchen in Twann ein gutes Plätzchen, wo sie glücklich am Geländer zum See entlangrankt. Und dann habe ich begriffen, dass das eigentliche Problem beim Rosenbeet liegt, das ich ursprünglich hinter der Glyzine verstecken wollte. Was macht das alte Rosenbeet überhaupt dort, mit all diesen Edelrosen aus dem letzten Jahrhundert, die ich schon lange nicht mehr anschauen mochte? Wenn man sie nicht spritzte, standen sie schon zu Beginn des Sommers mit pilzbefallenem Laub und ein paar spärlichen, künstlich wirkenden Blüten dort, eine Erinnerung an vergangene Zeiten, als die Gärtner ihre Rosen noch alle zehn Tage mit Gift behandelten – und eine Beleidigung fürs Auge. Also, weg damit! Ja, man darf Pflanzen ausbuddeln und sie entsorgen. Wenn mir etwas nicht gefällt und nicht passt, dann weg damit. Wenn die Pflanzen gesund sind, kann man sie ja eventuell an Freunde verschenken.

Auch Pflanzen, die nicht recht wachsen wollen und nur vorwurfsvoll vor sich hin kümmern, werfe ich lieber in die Grüne Tonne, als mich ewig über sie zu ärgern. Sogar die alten Lavendelbüsche in Twann habe ich entsorgt. Das ist zwar traurig, weil ich Lavendel sehr liebe, doch die Büsche waren mit den Jahren riesig und struppig geworden. Und immer, wenn ich sie stark zurückschnitt, wuchsen sie nur umso stärker nach. Dafür ziehe ich nun einige junge Lavendelpflanzen in Töpfen. Wenn die Wurzeln weniger Platz haben, wuchert die ganze Pflanze weniger stark. So können auch die weißen und rosaroten Schopflavendelsorten gezogen werden, die übrigens frostfrei überwintert werden wollen.

Und dann ist wieder ein Rittersporn verschwunden, weil ich die Schnecken ein paar Tage allein gelassen habe. Herrje, wo war nur der Igel, als ich in die Ferien fuhr? Die Liste der Pflanzen, die inzwischen eingegangen sind, ist lang. Aber ohne Verluste lernt man eben auch nichts. Und schließlich, so halte ich mir vor dem Jüngsten Gartengericht zugute, habe ich schon viel mehr Pflanzen vermehrt und gezogen, als mir eingegangen sind. Egal, wie ungeschickt wir uns auch anstellen, die Ökobilanz ist in jedem Fall positiv. Irgendetwas wird in jedem Garten gedeihen. Die meisten Pflanzen sind doch hart im Nehmen und verzeihen ziemlich viele

Fehler. Ich beschließe, den Rittersporn nun endlich durch Eisenhut zu ersetzen oder an seiner Stelle eine Perovskia zu pflanzen, in jedem Fall irgendetwas, das die Schnecken verschonen. Und vielleicht versuche ich es dann an auf der anderen Seite des Gartens noch einmal mit Rittersporn, dort, wo die Schnecken garantiert nicht hinkommen.

Neue Weltordnung im Beet

Wenn sich eine an sich gesunde Pflanze nicht wohlfühlt an einem Ort, grabe ich sie aus und versetze sie. Meist gibt es offensichtliche Gründe, warum eine Pflanze an einer bestimmten Stelle nicht gedeihen will. Sie hat entweder zu wenig Licht, der Boden passt ihr nicht, oder die Nachbarschaft macht sie unglücklich. Und ein paar Meter weiter drüben, in anderer Gesellschaft, fühlt sie sich dann wohl. Das kann man natürlich nicht immer voraussagen. Gelegentlich scheinen die Bedingungen ideal, und doch will eine Pflanze nicht. Da hilft nur beobachten und sie dann umpflanzen, wenn es nicht anders geht. Die beste Zeit für große Umpflanzaktionen ist der November. Dann kann so ziemlich alles ausgebuddelt werden, was den Sommer über gestört hat. Die Staudenbeete werden, wo nötig, gejätet; was zu dicht steht, wird ausgegraben und geteilt. Wenn der Boden müde wirkt, kann man bei dieser Gelegenheit auch gleich etwas Kompost eingraben. Überhaupt

können im November auch Büsche, junge Bäume und Kletterpflanzen umgesetzt oder neu gepflanzt werden.

Stauden teilen ist keine Hexerei. Das größte Geheimnis ist tatsächlich, sie nur dann in Stücke zu schneiden, wenn es draußen kühl und feucht ist. Graue Nebeltage sind ideal für solche Vermehrungsaktionen! Dann trocknen die Pflanzen nicht aus und leiden kaum. Je nach Größe schneide ich sie mit dem Messer oder mit einem scharfen Spaten in drei bis vier Stücke. Wichtig ist nur, dass jedes Stück genug Wurzeln hat. Egal, wie feucht das Wetter ist, verpflanzte Stauden werden immer gut angegossen und eingeschwemmt, sodass die Wurzeln fest mit der Erde in Kontakt sind. Nur so können sie Fuß fassen. Das gilt übrigens auch für frisch gepflanzte Rosen, Sträucher und Bäume. Sogar Rosen kann man bei einem solchen Wetter zur Not verpflanzen.

Bild 1: Auch größere Pflanzen wie diese Glyzine können zu zweit versetzt werden. Wichtig ist nur, dass man sie danach sehr gut angießt..
Bild 2: Frauenmantel und andere Stauden lassen sich leicht durch Teilung vermehren, sie wachsen dann mit frischer Kraft weiter.
Bild 3: Die Wurzelballen von Funkien, die schon einige Jahre in Gefäßen gewachsen sind, müssen auseinandergeschnitten und in mehrere Stücke geteilt werden.

»Keine Angst,
etwas falsch
zu machen.«

GARTENSPASS STATT OLLER REGELN

»Im Märzen der Bauer die Rösslein einspannt …« Im Garten gibt es, wie schon gesagt, endlos viele Regeln: Bauernregeln, Aussaattabellen, Mondkalender etc. Aber brauchen wir die wirklich? Wie wäre es, wenn wir einfach nach Gefühl gärtnern, uns die Freiheit nehmen, unsere Gärten so zu bestellen, wie es uns selbst richtig scheint? Es liegt in der Natur jeder Pflanze, dass sie leben und wachsen und gedeihen will. Jeder Samen will aufgehen, jede Blume will sich vermehren. Wenn wir uns nicht allzu dumm anstellen und den Pflanzen nicht allzu viele Hindernisse in den Weg legen, dann kommen sie meistens zurecht. Das sei vorweg gesagt. Man

REGELN BRECHEN

Garten

- Mist kann man auch direkt auf die Rosen geben
- Im Garten nicht umgraben, sondern mulchen
- Bei neuen Pflanzungen mit Karton mulchen
- Nachmittags gießen kühlt die Pflanzen und beugt Mehltau und Spinnmilben vor
- Gemüse ruhig mal blühen lassen, das sieht gut aus und gibt eigenes Saatgut
- Kein Gift im Garten: leben und leben lassen
- Nicht jäten, Wildkräuter einbeziehen, ernten oder verdrängen
- Gehölze auch im Sommer schneiden, dann sieht man besser, was weg muss
- Beete müssen nicht flach oder viereckig sein.
- Teich im Gemüsegarten: reflektiert Licht und speichert Wärme
- Kompostsäcke direkt bepflanzen

Schädlinge

- Auch hier gilt: leben und leben lassen
- Teilen: ⅓ für die Viecher, ⅔ für uns
- Nützlinge aussetzen

Unkraut

- Stehen lassen
- Verdrängen: Standortvorteile schaffen für die Pflanzen, die man haben möchte, und diese fördern, statt das Unkraut zu bekämpfen
- Unkraut essen
- Mulchen
- Neue Pflanzen direkt in Karton oder alten Teppich setzen
- Hühner halten! Oder Schweine

sollte nicht allzu viel Angst haben, etwas falsch zu machen. Die meisten Pflanzen verzeihen einem sogar ziemlich viele Fehler. Sicher muss man einige grundsätzliche Regeln beachten: Pflanzen brauchen Wasser und Nahrung. Sie benötigen außerdem die richtige Menge an Sonne und Licht. Je nach Art wollen sie mehr oder weniger Pflege. Und das heißt, man sollte von jeder Pflanze im Prinzip zumindest wissen, wie sie heißt und welche Bedürfnisse sie hat! Außerdem sollte man zudem den eigenen Garten und vor allem auch sich selbst und die eigenen Bedürfnisse einigermaßen kennen. Und man sollte nur Pflanzen kaufen, die zu den gegebenen Verhältnissen und auch zu einem selbst passen. Wenn ich nur einen heißen Südbalkon habe, dann muss ich sicher keine Schattenpflanzen kaufen, und umgekehrt muss ich auch nicht versuchen, mediterrane Kräuter in einer dunklen, feuchten Ecke zu ziehen. Wenn ich weiß, dass ich das Gießen meistens vergesse, dann besorge ich mir lieber gleich von Anfang an Pflanzen, die auch eine Weile ohne Wasser zurechtkommen. Fazit: Wenn ich Pflanzen ziehe, die zu meinem Garten und zu meinen eigenen

Bedürfnissen passen, kann ich mir sehr viele Enttäuschungen und auch Zeit und Geld sparen.

Gemüse mal anders

Man muss sich nicht sklavisch daran halten, was auf den Samentüten empfohlen wird. Etliche Gemüse sehen beispielsweise wunderbar aus, wenn sie im zweiten Jahr blühen. Insbesondere Federkohl ist eine stattliche Pflanze, und ich werde immer wieder gefragt, um was für eine exotische Schönheit es sich denn bei diesen gelb blühenden Büschen im späten Frühling handle. Auch blühender Lauch sorgt immer für Aufsehen, mitunter stiehlt er sogar den wesentlich kostspieligeren Zierlauch-Sorten (Allium) die Show. Auch Pastinaken sehen fantastisch aus, wenn man sie in Ruhe zur Blüte kommen lässt. Und blühender Fenchel ist einer meiner absoluten Lieblinge. Ganz nebenbei kann man auf diese Weise eigenes Saatgut von den besten Sorten gewinnen. Ich markiere jeweils die Exemplare, die besonders schön geblüht haben

und die ich weiter vermehren will, mit einem farbigen Band. Es macht also doppelt Sinn, einen Teil des Gemüses in den Beeten aufschießen zu lassen.

Eis gegen Frost

In vielen Baumschulen werden die Pflanzen vor Frostnächten mit feinem Wassernebel besprüht. Dadurch bildet sich eine dünne Eisschicht um die Blätter und Äste, und wenn die Temperaturen dann weit unter den Gefrierpunkt fallen, sind die Pflanzen im Inneren dieser Eisschicht gut geschützt. Viel kälter als unter null wird es darin nämlich nicht. Das ist ein bisschen wie das Prinzip der Iglus, in denen man auch gut überleben kann. Und außerdem schützt die Eisschicht die Pflanzen davor, dass sie zu viel Wasser verdunsten. Dieses ist bei extrem niedrigen Temperaturen oft noch das größere Problem, und insbesondere immergrüne Pflanzen wie Buchs und Lorbeer vertrocknen eher, als dass sie erfrieren. Man kann das Prinzip der Profis zu Hause mit dem Gartenschlauch imitieren, den Daumen draufhalten, sodass sich ein möglichst feiner Sprühnebel bildet. Wasserfeste warme Gartenhandschuhe wären allerdings zu diesem Zweck zu empfehlen. Wenn es sich nur um einzelne Pflanzen handelt, taugt auch ein simpler Wassersprüher.

Auf meinem Mist gewachsen

Mist tut dem Garten gut, vor allem, wenn man größere Rosen- und Staudenbeete pflegt. Im letzten Frühling habe ich etwas halb zersetzten Hühnermist ausgebracht, nun gut, es waren drei große Schubkarren voll. Die Nachbarschaft hat mich wochenlang dafür verflucht, weil es wirklich zum Himmel stank. Aber genützt hat der Mist, und wie! Die Sonnenblumen wurden vier Meter hoch, und auch die Tomaten gediehen prächtig. Sowieso sollte Mist im Idealfall eine ganze Saison lang gelagert werden, damit er sich gründlich zersetzen kann.

Ich bin ja ein großer Fan von Hühnermist. Es gibt nichts Besseres, für die Rosen nicht und auch für das Gemüse. Hühnermist über alles! Am besten ist er, wenn man ihn unter den Kompost mischt, das ist die absolute Super-Power-Mischung für jeden Hausgarten.

Der Kompost »kocht« auch besser, wenn tierischer Mist mit all seinen Mikroorganismen draufkommt.

Abgesehen davon sind die Hühner eine gute Gesellschaft, wenn man im Garten jätet, man kann mit ihnen noch viel besser reden als mit den Pflanzen – die Hühner antworten direkt. So bin ich jeweils draußen am Werkeln friedlich in meine Hühnergespräche verwickelt. Ja, ein bisschen jäten und mit den Hühnern reden, das ist Balsam für die Seele. Vielleicht müsste ich die Forderung aus meinem Gartenmanifest ausbauen: Jeder Mensch braucht nicht nur einen Garten, jeder Mensch braucht auch mindestens ein Huhn! Dann wären die Psychologen auf einen Schlag arbeitslos, und auch sonst würden sich mit Hühnern einige Probleme lösen lassen. Ich will ja nicht behaupten, mit Selbstversorgung ließe sich die Welt retten. Außerdem gäbe es gar nicht genug Platz, wenn jeder Selbstversorger wäre. Aber ein paar Hühner halten, Gartenabfälle kompostieren und eigenes Gemüse anbauen ist schon mal ein Schritt in die richtige Richtung.

Bild links: Der schwarze Palmkohl aus der Toskana (»Cavolo nero«) blüht im zweiten Jahr sehr dekorativ.
Bild rechts: Schnee und Eis schützen die Pflanzen bei Minustemperaturen.

Kompost neu denken

Der Kompost ist das Herz des Gartens. Hier werden organische Abfälle in frische Nahrung für die Pflanzen verwandelt. Es gibt viele Möglichkeiten, einen Kompostplatz zu gestalten. Wenn schon Recycling, warum nicht gleich mit altem Material was bauen? Lastwagenreifen sind ideal, weil sich das schwarze Gummi an der Sonne erhitzt. Organische Abfälle zersetzen sich rascher und besser bei höheren Temperaturen. Auch aus alten Schränken und Brettern lässt sich was zusammenzimmern, Karton eignet sich gut zum Isolieren. Und man sollte unbedingt einen Deckel planen, damit der Kompost bei Dauerregen nicht absäuft oder in der Sommerhitze austrocknet.

Der Kompost sollte direkt auf dem Boden stehen, damit Würmer und Mikroorganismen ihn besiedeln können. Wer eine hermetisch abgeschirmte Plastiktonne verwendet, muss unbedingt alten Kompost auf die Gartenabfälle draufschichten, um den Verrottungspro-

zess in Gang zu bringen. Der beste Kompostbeschleuniger ist übrigens Urin – gelegentlich auf den Komposthaufen pinkeln hat die gleiche Wirkung wie gekaufte Produkte. Aber keine Angst, ihr lieben Nachbarn, ich habe ja den Hühnermist als Kompoststarter. Mit dem Katzenklo ist es übrigens so eine Sache. Es gibt zwar kompostierbare Katzenstreu, das aber meiner Erfahrung nach nicht lange hält, und Katzenkot ist wie Hundekot oder -urin auch kein Dung und kann eben auch Würmer und Krankheiten übertragen. Deshalb nehme ich lieber Klumpstreu, das ich im Müll entsorge. Babywindeln, Hochglanzpapier und Fleischreste gehören in den Restmüll. Aber alles andere kommt auf den Kompost: Zeitungen, Karton, Gartenabfälle. Welke Salatblätter und die Küchenreste kriegen natürlich die Hühner, und ich ihren Mist und die Eier – so schließt sich der Kreislauf.

Bild unten: In einen großen Garten gehört auch ein großzügiger Kompostplatz, Kompost kann man nicht genug haben.

Großvaters fantasievolle Tipps

Mit hausgemachten Tipps und Tricks zur Lösung von Gartenproblemen ließen sich ganze Bibliotheken füllen. Nirgends schießt die Fantasie der Hobbygärtner mehr ins Kraut, als wenn es darum geht, Gartenprobleme mit Hausmittelchen zu bekämpfen. Über viele dieser Ratschläge kann man sich allemal gut amüsieren. Da werden Balkonpflanzen mit Bier, Cola oder Teebeuteln ernährt. Ammoniak und andere Putzmittel werden zu hausgemachtem Dünger umfunktioniert. Auch Buttermilch, Sirup oder Haarshampoo halten manche für sinnvolle Pflanzennahrung. Kaffeesatz dient wahlweise als Dünger oder als Unkrautvertilger. Und da Rhododendren saure Erde mögen, helfen einige Hobbygärtner auch schon mal mit Essig nach, den andere lieber zur Bekämpfung unerwünschter Wildkräuter verwenden. Unglaublich auch, was selbst ernannte Hobbyexperten im Internet in diversen Gartenfo-

ren so alles von sich geben! Das endlose Sammelsurium lässt sich am einfachsten mit folgender Formel zusammenfassen: alles Quatsch! Was Pflanzen brauchen, sind Wasser, Nahrung, Licht und Pflege. Pflanzen sind nun mal keine Menschen. Sie brauchen weder Zahnpasta noch Aspirin oder was auch immer sich irgendjemand als originellen Gartentipp ausgedacht oder angeblich vom Großvater überliefert bekommen hat.

Schädlinge: leben und leben lassen

Schädlinge im Garten sind kein Grund, gleich in Panik zu verfallen. Sie fressen nie alles auf. Schädlinge verursachen im Allgemeinen drei Probleme: Sie bringen eine Pflanze um, sie verlangsamen ihr Wachstum oder sie lassen sie hässlich aussehen. Oder alles zusammen. Aber was sie normalerweise aus eigenem Interesse nicht tun: Sie vernichten nicht gleich eine ganze Population, denn sie wollen ja auch weiterleben, und dafür brauchen sie ihre Wirtspflanzen. Wenn sie also nur einen Teil meiner Pflanzen fressen und den Rest verschonen, dann kann ich eventuell damit leben. Und Pflanzen können sicherlich auch überleben, wenn sie nur teilweise angefressen werden. Normalerweise bleibt dann für uns immer noch genug übrig. Ich pflanze daher ganz einfach ein paar Salate und Kohlköpfe mehr, als ich brauche.

Nützliche Familienplanung
Bild 1: Marienkäfer bei der Paarung.
Bild 2: Achtung Nützlinge, nicht entfernen! Das Gelege der Marienkäfer.
Bild 3: Die Larven der Marienkäfer fressen sehr viele Blattläuse.

Und was ein Schädling ist und was ein Nützling, das lässt sich auch nicht allgemeingültig definieren, das kommt auch immer auf den Zusammenhang an. Weinbergschnecken zum Beispiel werden von vielen als ein Problem betrachtet, tatsächlich aber fressen sie nicht nur Salat, sondern auch die Eigelege der Nacktschnecken. So verhält es sich noch bei vielen anderen Tieren, die von uns nur als »Schädling« wahrgenommen werden. Manchmal wissen wir einfach nichts von ihren positiven Seiten, die sie mit Sicherheit auch haben.

Sportliche Käferjagd

Wenn gewisse Insekten doch einmal überhandnehmen, kann es sinnvoll sein, sie zu entfernen. Ich greife aber erst ein, wenn meine geliebten, sorgsam gehegten Pflänzchen oder deren Wurzeln übermäßig angefressen werden und ihr Überleben in Gefahr ist. Im Hausgarten kann man die meisten Käfer und Raupen ganz gut einsammeln, Lilienhähnchen zum Beispiel. Das Praktische an den Lilienhähnchen ist ihre knallrote Farbe, man sieht sie sofort! Das ist aber auch der einzige Pluspunkt, den ich diesen vermehrungsfreudigen, stets hungrigen Käferchen zugestehen mag. Wie auch die Dickmaulrüssler – meine zweitliebsten »Gartenfreunde« – haben sie die Angewohnheit, sich fallen zu lassen, sobald sich eine Hand nähert, und dann im Laub unauffindbar zu verschwinden. Aber ich bin inzwischen ziemlich flink im Fangen von Lilienhähnchen und nehme ihre Falltaktik als sportliche Herausforderung an: Übung macht die Meisterin! Die Dickmaulrüssler fange ich unter Brettchen, die ich mit einem kleinen Stein schräg aufstelle. Sie verkriechen sich tagsüber gern darunter und ich muss sie nur noch einsammeln, wenn sie schlafen. Dickmaulrüssler legen ihre Eier übrigens nur in Erde. Darum decke ich das Substrat meiner Töpfe immer mit einem mineralischen Steinsubstrat aus Bims, Lava und Zeolithen ab. Diese Mischung speichert auch Wasser und Nährstoffe und hilft im Winter, die Erde zu erwärmen. Auch feiner Kies eignet sich, um die Dickmaulrüssler fernzuhalten. Bei einem starken Schädlingsbefall lohnt sich der Einsatz von biologi-

schen Nützlingen. Die bekanntesten sind Marienkäfer, deren Larven eine Unmenge von Blattläusen vertilgen. Auch Raubmilben, Schlupfwespen und Florfliegenlarven können gegen bestimmte Schädlinge eingesetzt werden. Gegen Dickmaulrüssler und Buchsbaumzünsler helfen übrigens auch Nematoden.

Gift ist Gift

Über die Wirkung von Brennnessel- oder Schachtelhalmprodukten sowie biologische Pflanzenstärkungsmittel, von denen es inzwischen diverse kommerzielle Produkte gibt, gehen die Meinungen weit auseinander. Wenn überhaupt, dann wirken sie vorbeugend. Aber zumindest richten sie wohl keinen Schaden an. Doch nicht alles, was »Bio« ist, ist deswegen auch gesund oder unbedenklich. Organische Pestizide sind zum Teil genauso giftig wie synthetische Produkte. Insbesondere die Mittel Rotenon und Pyrethrin sind Gifte, die zwar natürlicher Herkunft, aber keineswegs harmlos sind. Sie killen nämlich Nützlinge ebenso effektiv wie Schädlinge. Einige Biomittel müssen zudem viel öfter angewendet werden, wodurch zum Teil langfristig sogar größerer Schaden für die Umwelt entsteht. Nicht alles, was mit dem Biolabel versehen und zugelassen ist, ist daher unbedenklich zu verwenden. Man darf ruhig auch einmal nein sagen! Besonders bedenklich sind hausgemachte Mittel, denn bei diesen gibt es keine genaue Dosierungsanleitung, und es stehen auch keine Warnhinweise auf der Packung. Spülmittel oder Kernseife gegen Blattläuse ist noch einigermaßen unbedenklich, besser ist aber allemal eine für diese Verwendung vorgesehene Insektizidseife. Was auch ganz gut funktioniert, ist, dem Seifenwasser Knoblauch oder Chilischoten beizugeben. Nur muss man die Prozedur nach jedem Regen wiederholen. Ein äußerst effektives Insektizid ist übrigens Tabak. Ein paar Zigaretten in Wasser auflösen und Blattläuse oder Raupen damit übergießen. Hundert Prozent tödlich, aber potenziell auch für die behandelte Pflanze nicht sehr gesund.

Die morgendliche Schneckentour

Ja, die Schnecken! Natürlich lieben sie die jungen Pflänzchen. Insbesondere Dahlien, Funkien und Rittersporn haben die Schleimer

mindestens so gern wie ich. Ich habe mir angewöhnt, am Morgen früh meine Schneckenrunde durch den Garten zu drehen. Ein guter Trick zum Einfangen von Schnecken sind alte, schon etwas angemoderte Bretter, unter denen sich die Schleimer gern verstecken. Ich halte einen Eimer unter die Bretter und kratze dann die Schnecken mit der Handschaufel ab. Einsammeln und entsorgen ist allemal das beste Mittel. Leere Grapefruithälften sind auch praktisch zum Schnecken fangen. Von Bierfallen rate ich ab, das Bier lockt höchstens noch die Schnecken aus der Umgebung herbei. Bierfallen funktionieren allenfalls in Beeten, die nach außen mit Schneckenzäunen abgegrenzt sind. Falls der Garten so gelegen ist, dass ständig neue Schnecken einwandern, lohnt es sich, in einen solchen Schneckenzaun zu investieren. Auch grober Kies auf den Wegen bewährt sich, da die Schleimer nur ungern drüberkriechen. Um besonders heikle Pflanzen herum kann man auch einen Ring aus zerbrochenen Eierschalen streuen. Oder vielleicht doch ein paar Bioschneckenkörner ausstreuen, wenn es nicht anders geht.

Bild links: Die kräftig gefärbten Lilienhähnchen sind zwar leicht zu erkennen, aber recht schwierig einzufangen.
Bild rechts: Beinwellblätter sind eine gute Kompostbeigabe. Auch als Mulch eignen sie sich.

»Ich suche mir ein freundliches Fleckchen Erde, wo ich in Ruhe meine Pflanzen ziehen kann.«

GUERILLAGÄRTNERN

Warum nicht einen Garten erfinden, wenn man keinen hat? Warum nicht einen neuen Garten schaffen, wo gar keiner ist und wo auch keiner vorgesehen ist? Und warum sich nicht die Freiheit nehmen, auch auf fremden Grundstücken etwas zu säen und zu pflanzen? Was würde schon dagegen sprechen, unseren Lebensraum weiter zu begrünen? Guerillagärtnern lautet das Stichwort. Manchmal pflanzen die »illegalen« Gärtner essbare Pflanzen, meistens aber nicht: Blumen, die wie von selbst in den Städten auftauchen, die groß und bunt werden, die auffallen und Spuren hinterlassen. Guerillagärtnern ist ein Lebenszeichen, wie Graffiti, nur arbeiten Guerillagärtner mit Samen statt mit Spraydosen.

Neu ist die Idee ja nicht. Schon die legendäre englische Gärtnerin Miss Ellen Willmott streute heimlich Männertreu aus in Gärten, die ihr zu langweilig schienen. Noch heute wird *Eriogonum giganteum* im Volksmund »Miss Willmott's Ghost« genannt. Der Begriff des Guerillagärtnerns kam aber erst in den 1970er-Jahren auf. Damals gründete Liz Christy mit ihren Freunden einen illegalen Gemeinschaftsgarten in Manhattan. Sie wurden als »Green Guerillas« bekannt und helfen bis heute anderen gleich gesinnten Gruppen, Gemeinschaftsgärten zu schaffen. Bald wurden die ersten Saatbomben gebastelt und in Nacht-und-Nebel-Aktionen aus Autofenstern geworfen. Den Guerillagärtnern ging es damals ausdrücklich um zivilen Ungehorsam und politischen Protest, die illegale Aussaat von Pflanzen war genauso als Statement verstanden worden wie das Besprayen von Betonwänden. Auch in Deutschland gab es in den 70er-Jahren im Umfeld der Naturgartenbewegung und der Kunstszene erste Guerillagärtner, darunter Joseph Beuys. Auch Franz Hohlers legendäre Erzählung »Die Rückeroberung« kann in diesem Zusammenhang gelesen werden.

Lieber freundlich fragen

Am 1. Mai 2010 wurde der Begriff des Guerillagärtnerns plötzlich als Schlagwort weltbekannt. An diesem Tag hatten sich 10 000 Globalisierungskritiker, Anarchisten und Umweltaktivisten zusammengefunden, um auf dem Platz vor dem Parlament in London mit Transparenten und Pflanzensamen die Straßen zurückzuerobern. »Let London sprout!«, forderten sie, »Resistance is fertile!«.

Die besten Pflanzen für Guerillagärtner

- Sonnenblumen (Helianthus)
- Stockmalven (Alcea)
- Königskerzen (Verbascum)
- Nachtkerzen (Oenothera biennis)
- Rote Melde (Atriplex hortensis)
- Kapuzinerkresse (Tropaeolum majus)
- Kosmeen (Cosmos bipinnatus)
- Federmohn (Macleaya cordata)
- Feuerbohnen (Phaseolus coccineus)
- Trichterwinden (Ipomoea)
- Platterbsen (Latyrus latifolius)
- Kürbis (Cucurbita)
- Große Zucchinisorten (Cucurbita)

Aber Achtung, bitte niemals invasive Neophyten (siehe Seite 96) auswildern!

Sie gruben den Platz um und bepflanzten ihn mit Apfelbäumen, Bohnen und Cannabis. Die Bewegung fand rasch immer mehr Anhänger. Von New York über Paris bis Zürich wurde mit dem illegalen Bepflanzen von Baumscheiben und öffentlichen Brachflächen experimentiert, und weltweit werden seither am 1. Mai Sonnenblumen an allen möglichen und unmöglichen Orten ausgesät. Ich ziehe die Sonnenblumen immer in Töpfchen vor. Symbolischerweise ist der 1. Mai ganz gut, um sie auszusäen, aber man kann es auch schon ein paar Wochen vorher machen. Hauptsache, sie stehen auf einem hellen Fenstersims oder im Frühbeetkasten oder Gewächshaus, wo sie vor Spätfrösten sicher sind. Ich pflanze sie jeweils erst aus, wenn sie gut 30 Zentimeter hoch sind und schon einige Blätter haben. Bis dann sind auch die Eisheiligen vorbei und die Pflanzen groß genug, damit die Schnecken sie nicht gleich fressen. Zur Sicherheit verpasse ich den jungen Sonnenblumen noch Plastikringe, die ich aus alten Getränkeflaschen schneide. Über die scharfe Kante können die Schnecken nicht kriechen. Und ausgewilderte Sonnenblumen auf Baumscheiben oder an anderen öffentlichen Orten werden so nicht gleich zertrampelt. Inzwischen gibt es im Internet Hunderte von Guerillagärtnerseiten aus über 30 verschiedenen Ländern.

Baumscheiben bepflanzen scheint in der öffentlichen Wahrnehmung die klassische Aktivität der Guerillagärtner zu sein. Ich selbst finde Baumscheiben nicht so geeignet. Erstens ist der Boden dort sehr mager und trocken, und außerdem mag ich Hundekot nicht besonders. Lieber suche ich mir ein freundlicheres Fleckchen Erde, wo ich in aller Ruhe meine Pflanzen ziehen kann. Bereits während und nach dem Zweiten Weltkrieg waren öffentliche Plätze zwecks Gemüseanbaus umgegraben worden, damals allerdings nicht aus Spaß, sondern aus blanker Not. »Dig for victory«, hieß der Slogan der damaligen Anbauschlacht. Heute fordern die Guerillagärtner mitunter »Dig for freedom«, aber die meisten verzichten ganz auf politische Statements. Stattdessen holen sie sich einfach ein Stück Natur in die Stadt. Wer keinen Garten hat, sucht sich einen. Es gibt überall Brachflächen und auch vernachlässigte Gärten. Manchmal sind die Besitzer sogar froh, wenn sich jemand liebevoll darum kümmern will. Mir gehörten meine Gärten jedenfalls nie, ich leihe sie aus, ich brauche das Land nicht zu besitzen, das ich bebaue. Und wenn alles hübsch blüht und schön aussieht, haben alle ihre Freude dran. Jeder vernünftige Mensch würde doch ja sagen, wenn man freundlich fragt, ob man vielleicht ein paar Blumen oder etwas Gemüse pflanzen dürfe!

Der Federmohn (Macleya cordata) *wuchert gerne in alle Richtungen. Besonders hübsch sieht er mit den klassischen Guerillagärtner-Pflanzen, den Sonnenblumen zusammen aus.*

Bild 1: Nachtkerzen blühen im zweiten Jahr, und breiten sich leicht selbst aus.

Bild 2: Kürbisse schätzen reichen Humus und viel Sonne. Dann werden die Ranken viele Meter lang und die Früchte riesig.

Bild 3: Kosmeen blühen schon wenige Monate nach der Aussaat und versamen sich auch.

BEFREITE GÄRTEN

Lassen wir unsere Gärten aufatmen! Weg mit den monotonen Rasen-flächen und Koniferenhecken, weg mit den hässlichen Betonplatten. Schaffen wir Platz für neue Lebensräume!

»Vielleicht sehen
manche Leute
ja gar nie zum
Fenster hinaus.«

WEG MIT DEN ALTEN HECKEN

Sie ist das sprichwörtliche Brett vor dem Kopf – die klassische Koniferenhecke, meist bestehend aus Lebensbäumen oder Scheinzypressen. Ich weiß, wovon ich rede, denn mein Bieler Garten ist umgeben von solchen meterhohen Thujenecken. Aber auch dunkelgrüne Wände aus Kirschlorbeer sind ein Albtraum. Solche Hecken nehmen viel Raum ein, sie sind mühsam zu stutzen, und vor allem wächst zu ihren Füßen so gut wie gar nichts, da ihre Wurzeln den Boden extrem auslaugen. Außerdem werfen sie tiefe Schlagschatten und sehen abweisend, mitunter sogar bedrohlich aus. Ich kenne ein behindertes Mädchen, das sich vor nichts so sehr fürchtet wie vor Thujenhecken. Sie fängt gleich an zu schreien, wenn sie so eine schon aus der Ferne sieht. Ich kann das Mädchen gut verstehen. Oft würde ich selbst am liebsten schreien: Warum tut man seinem Garten, warum tut man den Nachbarn und warum tut man den Passanten so was an? Und selbst muss man die hässliche grüne Wand vor der eigenen Nase auch anschauen. Oder vielleicht sehen manche Leute gar nie zum Fenster hinaus.

Gestreifte Monster

Besonders schrecklich, aber eine Zeit lang groß in Mode waren Hecken aus Scheinzypressen in verschiedenen Farben, Wände aus hellgrünen und dunkelgrünen Streifen. Einmal zu groß geworden, können sie noch nicht einmal zurückgestutzt werden, da diese Koniferen niemals aus dem alten Holz austreiben und dann braun bleiben. In diesem Fall sind sie an Hässlichkeit wirklich nicht mehr zu überbieten. Das Beste, was man mit einer Hecke aus Scheinzypressen, Leylandzypressen oder Kirschlorbeer tun kann, ist, sie zu entfernen und an ihrer Stelle etwas Erfreulicheres zu pflanzen oder einen hübschen Zaun zu bauen oder den Garten

einfach offen zu lassen. In Biel hatte ich für zwei Jahre wunderbare Nachbarn, und wir beschlossen, die Thujenhecke zwischen unseren Gärten wegzunehmen. Das war ein großer Kraftakt, da sie seit wohl 50 Jahren da stand und entsprechendes Ast- und Wurzelwerk gebildet hatte. Keine Freude, so etwas zu entsorgen! Ja, auch das sollte sich jeder überlegen, der ein paar Dutzend kleine Thujenpflänzchen kauft, die ja im Gartencenter so harmlos herumstehen. Und meist kosten sie auch nicht viel. Aber eben,

Bild rechts: Auch dem trostlosesten alten Garten kann neues Leben eingehaucht werden! Entfernen, was nicht gefällt, und dann neu anfangen.

die Kosten kommen dann, wenn man sie später wieder entfernen möchte! Kirschlorbeer ist fast noch schlimmer zu entfernen. Wer ein Auto mit kräftigem Motor und Anhängerkupplung hat, kann sie an ein Seil binden und sie so rauszureißen versuchen. Mit meinem alten Subaru Forester klappte das bestens. Aber wahrscheinlich waren solche Aktionen nicht zum Vorteil des Autos, das dann irgendwann den Geist aufgab. Vielleicht kennt man jemanden mit Traktor, Traktoren sind immer gut zum Ausreißen von alten Büschen und Bäumen. Will man sie Jahre später wieder loswerden, helfen oft nur noch ein Bagger und eine Ladung Humus, um die entstandenen Löcher wieder zu füllen. Doch wenn so ein sprichwörtliches Brett vor dem Kopf erst einmal mal weg ist, dann ist das auch eine Riesenerleichterung! Ich freue mich noch heute über den freien Blick aus dem Küchenfenster. Der Garten wirkte auf einen Schlag doppelt so groß, und zwei Sommer lang haben wir fast jeden Tag mit den Nachbarn zu Mittag gegessen oder am Abend gegrillt, es war die reinste Gartenwohngemeinschaft. Leider musste das sympathische junge Paar dann ausziehen, weil das Haus verkauft wurde. Jetzt habe ich zwar immer noch freie Sicht und viel Platz, aber die Nachbarn vermisse ich natürlich.

Großes aushecken

Wer ausreichend Platz hat, leiste sich eine frei wachsende, blühende Hecke aus naturnahen einheimischen Sträuchern. Nicht nur Vögel, Igel und Insekten werden sich freuen, so eine stattliche Hecke bietet das ganze Jahr über einen abwechslungsreichen Anblick und macht außerdem kaum Arbeit. Vor allem hat man dann immer was zu sehen: Blüten, Beete, Herbstlaub. Vögel, Schmetterlinge und Igel. So eine Hecke beansprucht ziemlich viel Raum, aber sie bringt dafür auch viel Leben in den Garten! Sie ist gewissermaßen das ökologische Rückgrat eines Gartens. Und wer Lust hat, kann dann erst noch Früchte und Nüsse ernten oder einen Strauß aus blühenden Zweigen schneiden.

Für viele Naturfreunde ist eine Hecke aus einheimischen Gehölzen in jedem Fall ein Muss. Ist genug Platz vorhanden, um die großen Sträucher dann auch frei wachsen zu lassen, ist das sicher die beste Option. Nur darf man nicht vergessen, dass Hasel, Holunder und Weißdorn gut und gern drei bis fünf Meter hoch und breit werden. Wenn der Garten zu klein ist und die Hecke dann ständig geschnitten werden muss, macht das sehr viel Arbeit und letztlich für die Tierwelt auch wenig Sinn, weil Igel, Vögel und Insekten ständig gestört werden und ihre Nester immer wieder verlieren. In diesem Fall würde ich nur einzelne Büsche und kleinere Bäume wählen und diese mit naturnahen Stauden und Wildkräutern wie Glockenblumen, Akeleien, Lichtnelken,

Wiesenstorchschnabel, Seifenkraut, Schafgarben, Johanniskraut, Dost und Rainfarn unterpflanzen. Auch Kletterpflanzen wie Geißblatt, Waldreben, Brombeeren oder einzelne Wildrosen können den Garten bereichern.

Und einzelne exotische Ziergehölze und Stauden haben in der Mischung durchaus auch ihre Berechtigung. Gut sind Flieder, Bauernjasmin, Felsenbirnen sowie hübsche blühende Büsche wie Forsythien, Weigelien, Kolkwitzien, Spiersträucher, Schneebeeren oder auch der eine oder andere Ranunkelstrauch. Wichtig ist, eine ökologisch sinnvolle und auch hübsch anzusehende und einigermaßen pflegeleichte Lösung zu finden. Mit sturen Prinzipien kommt man genauso in eine gärtnerische Sackgasse wie mit dem Thujenbrett vor dem Kopf.

Eiben und Buchen

Wer sich eine klassische, einheitlich große immergrüne Hecke wünscht, dem empfehle ich Eiben. Eibenhecken sehen sehr elegant aus und passen immer. Sie sind ein einheimisches Gehölz und die Vögel mögen die Beeren (nur die Kerne sind giftig!). Außerdem gehören Eiben zu den wenigen Koniferen, die auch ins alte Holz zurückgeschnitten werden können. Und das ist von gro-

ßer Bedeutung, wenn die Hecke einmal verjüngt oder verkleinert werden muss. Auch Buchenhecken sind gut, denn einheimische Pflanzen sehen schön aus und passen besser in die Landschaft. Buchenhecken sind außerdem besonders hübsch, weil sich ihr Laub mit den Jahreszeiten verändert und das frische Laub im Frühling ist wirklich eine Freude.

Wilde Weidenzäune

Weidenzäune sind die günstigste und eine schnelle Methode, um einen Garten abzugrenzen. Auch Torbögen, Pavillons, Nischen oder Spieltunnel für die Kinder lassen sich daraus bauen. Wir hatten eine Zeit lang ein Labyrinth für die Kinder, das sah witzig aus, war dann aber letztlich im Weg. Nach zwei, drei Jahren kann man Weidenskulpturen noch gut entfernen, aber wenn sie länger wachsen, bilden sie recht große Wurzeln und mit der Zeit auch dicke Stämme. Wer genug Platz hat, kann so in einigen Jahren einen massiven Pavillon schaffen. Je nach Situation ist es aber

Bild 1: Große Strauchrosen und Kletterer zaubern Leben in den Garten.
Bild 2: Chinesischer Blumenhartriegel (Cornus kousa 'Satomi') ist sehr dekorativ und wächst straff aufrecht.
Bild 3: Der Spierstrauch (Spiraea × cinerea) gehört zu der großen Familie der Rosengewächse.

Die besten einheimischen Gehölze

- Berberitze *(Berberis vulgaris)*
- Buchsbaum *(Buxus sempervirens)* (frei wachsend)
- Eibe *(Taxus baccata)*
- Schwarzer Holunder *(Sambucus nigra)*
- Roter Hartriegel *(Cornus sanguinea)*
- Hasel *(Corylus avellana)*
- Holzapfel *(Malus sylvestris)*
- Holzbirne *(Pyrus communis)*
- Kornelkirsche *(Cornus mas)*
- Pfaffenhütchen *(Euonymus europaeus)*
- Schlehe *(Prunus spinosa)*
- Gemeiner Schneeball *(Viburnum opulus)*
- Traubenkirsche *(Prunus padus)*
- Vogelbeere *(Sorbus aucuparia)*
- Vogelkirsche *(Prunus avium)*
- Weide *(Salix)*
- Weißdorn *(Crataegus laevigata)*

Bild 1: Zieräpfel sind sehr dekorativ und eignen sich auch für die Vase.
Bild 2: Ein wilder Zierapfel mit seinen leuchtenden Früchten.
Bild 3: Vom Blütensirup über die Beerenmarmelade bis zum Vogelfutter – Holunder macht alle glücklich.

besser, die Weiden jeweils nach einiger Zeit wieder zu entfernen, bevor sie zu groß werden, und einen neuen Zaun aus jungen Ruten anzulegen. Das geht mit etwas Übung recht schnell, und vor allem macht es Spaß, Weidenzäune zu flechten. Sie fügen sich harmonisch in die ländliche Umgebung ein, und auch in der Stadt funktionieren sie erstaunlich gut und bringen etwas ungezügelte Natur in die Asphaltwüste.

Sobald im Frühjahr der Schnee verschwunden ist, gehe ich Weidenruten schneiden. Ich ziehe die gelben Sorten vor, weil sie weniger stark wuchern als die grünen Weiden. Weidenruten findet man oft an Straßenböschungen, wo sie jährlich geschnitten und anschließend entsorgt werden, man kann sie dann gratis abholen. Oder man fragt einen Bauern, der Kopfweiden anbaut. Die Triebe stecke ich so tief wie möglich in die Erde, zwanzig Zentimeter reichen, damit sie Wurzeln bilden können, tiefer ist aber auch gut. Die Zäune lassen sich je nach Lust und Laune zu verschiedenen Mustern flechten. Wichtig ist nur, die Ruten stets zu überkreuzen,

damit der Zaun stabil wird. Dann nur noch gründlich angießen und dafür sorgen, dass der Boden feucht bleibt, bis sie wurzeln. Danach wachsen sie dann von allein und bereits im ersten Jahr hat man einen dichten grünen Zaun. Sobald die Triebe zu lang sind, flechte ich sie ein. Man kann sie auch schneiden, aber dann wachsen sie anschließend umso stärker und brauchen einen regelmäßigen Schnitt.

Aus Weiden lassen sich außerdem lebendige Hexenstühle bauen, die dann wild vor sich hin wuchern und lustig aussehen. Wenn sie zu groß werden, kann man sie immer noch absägen und trocknen lassen, dann hat man einen gewachsenen, selbst gezogenen Stuhl für die Terrasse.

Bild unten: Die Kinder sind begeistert von dieser Spirale aus Weidenruten, die bald zu einem großen grünen Zelt zusammenwachsen. Frisch geschnittene Weidenruten wurzeln Anfang März ganz von alleine.

Auch Sichtschutzwände, Raumteiler, Rankwände oder ganze Lauben lassen sich aus frischen, biegsamen Ruten gestalten. Die Zäune können mehr oder weniger dicht geflochten werden, das ergibt interessante Licht- und Schatteneffekte. Besonders hübsch sehen diese aus, wenn sie später von Clematis oder Heckenkirschen berankt werden. Größere Pavillons sollten eine Grundstruktur aus Metallrohren haben, damit sie von Anfang an solide stehen. Natürlich lassen sich auch Fenster in die Wände flechten, die einen Durchblick in einen anderen Gartenbereich oder auf die Landschaft erlauben. Auch aus toten Weidenruten und anderen Zweigen lassen sich schöne Zäune flechten. Solche Flechtwerke halten etwa fünf bis zehn Jahre. Wenn sie zu zerfallen beginnen, tauscht man sie aus und baut etwas Neues.

Bild 1: Die Rose 'Constance Spry' *erklimmt eine alte Holzleiter.*
Bild 2: Himbeeren versüßen jeden Gartensommer.

Platzsparende Alternativen

Wer nicht so viel Platz hat, sollte überlegen, ob eine Hecke überhaupt das Richtige ist. Manchmal sieht ein hübscher Zaun besser aus. Vor einem solchen Zaun können Sonnenblumen oder Stockmalven wachsen, auch Edelwicken ranken daran empor. Über den Gartenzaun hinweg kann man mit Nachbarn und Passanten plaudern, was dem Garten eben auch Lebensqualität verleiht. In meinem kleinen Garten in Twann habe ich einen Zaun aus rostigem Maschendraht, daran wächst eine Kletterrose, deren Namen ich nicht weiß. Außerdem habe ich Kiwis gepflanzt, ein Männchen und ein Weibchen, damit es auch mal Früchte gibt.

So ein grün bewachsener Zaun hat was ganz Praktisches. Er benötigt wenig Platz, und man fühlt sich trotzdem etwas geschützt und geborgen. Manchmal schlage ich auch nur eine Reihe bunt bemalter Dachlatten in den Boden. Daran klettern dann Feuerbohnen, hellblaue Trichterwinden oder Glockenreben hoch. Das ergibt lichte Abgrenzungen, bunt und freundlich und überschaubar. Im Herbst entfernt man dann alles wieder und wählt im nächsten Frühling neue Pflanzen und streicht vielleicht auch die Dachlatten neu. Frische Farben und Ideen tun immer gut. Besonders in kleinen Gärten ist Abwechslung wertvoll, und man ist dann frei, seiner Stimmung zu folgen und immer wieder mal was Neues auszuprobieren. Lange gerade Haselruten eignen sich auch gut, oder kräftige Weiden. Wenn man diese verkehrt herum in den Boden steckt, wachsen sie nicht an. Witzige Kletterhilfen sind übri-

gens auch alte Leitern. Auf der einen Seite meines Gartens habe ich so eine alte Holzleiter vor den Zaun gestellt. Daran wächst nun munter eine 'Constance Spry'-Rose empor und wuchert zufrieden in alle Richtungen.

Der Himbeerzaun

Sollte man eine hässliche alte Koniferenhecke nicht entfernen können, weil sie einem nicht gehört, ja dann muss man sie halt verstecken und mit Kletterpflanzen verschönern. Das Problem ist aber, dass unter einer solchen Hecke fast nichts wächst, da die Wurzeln den Boden auslaugen. Eventuell lässt sich eine robuste, starkwüchsige *Clematis montana* ansiedeln, die aber regelmäßig gewässert werden muss, denn der Boden unter Hecken ist stets trocken wie die Wüste. Mehr Erfolg hat man eventuell mit Trichterwinden und Feuerbohnen, die in großen Kübeln davorgestellt werden. Sowieso ist es eine gute Idee, den Blick von etwas Hässlichem abzulenken, indem man etwas Interessantes davorstellt. Vor unsere verbleibende Hecke, die leider den anderen Nachbarn gehört und nicht angetastet werden darf, stellte ich im Frühling ein altes Sofa, das ich mit Moos bekleidete. Es hat nicht ewig gehalten, da die Amseln das Moos interessant fanden zum Nesterbauen, aber es sah lustig aus.

Später pflanzte ich Himbeeren vor die Hecke, im Spätsommer sind sie die größte Attraktion in meinem Garten, verführerisch leuchtende Herbsthimbeeren. Kaum jemand geht an ihnen vorbei, ohne eine Handvoll der süßen Beeren zu naschen. Zum Glück habe ich sie so dicht an die Thujenhecke gepflanzt, dass nur ein ganz schmaler Schleichweg bleibt – gerade breit genug für die Kinder, um auch an die Beeren hinter dem Gewächshaus zu gelangen. Ja, Himbeeren wachsen tatsächlich vor Thujenhecken, ich hätte nicht erwartet, dass es so gut geht. Man muss sie nur eben ordentlich düngen, weil die Thujen den Boden stark auslaugen. Im Sommer habe ich ihnen gelegentlich auch Wasser gegeben, damit sie saftigere Früchte bilden können. Ich finde, eine Reihe Himbeeren ist ein ganz hübscher Anblick, zumal sich dazwischen noch Kosmeen versamt haben. Ja, manchmal fügen sich die Details dann von allein zusammen. Oh, und fragt mich jetzt nicht nach den Sorten der Himbeeren, ich weiß es nicht, habe sie in einem anderen Garten ausgebuddelt. Himbeeren machen bekanntlich großzügig Ableger. Und die kann man im Herbst einfach ausgraben und wieder einpflanzen. Nur hat man dann namenlose Himbeeren … Aber die schmecken deswegen nicht weniger süß.

Den Blick ablenken

Vor der anderen Thujenhecke, die sich nicht entfernen lässt, habe ich einige Karden und Eselsdisteln auswildern lassen. Die mildern zumindest den strengen Anblick ein wenig. Oh, am liebsten würde ich eine Handvoll ihrer Samen über die Hecke werfen, aber das wäre etwas auffällig. Außerdem würden die jungen Pflänzchen das wöchentliche Rasenmähen auf der anderen Seite ja nicht überleben. Also muss ich schauen, dass ich davor etwas pflanze, das meinen Blick ablenkt und mich insgesamt etwas milder stimmt oder mir zumindest ein Lächeln entlockt. Dafür sind Karden und Eselsdisteln gut, weil sie so unverschämt groß werden und ihre Arme frech ausstrecken, als wollten sie ein Büschel von dem wohlmanikürten Gras auf der anderen Seite auszupfen. Oder vielleicht lassen Sie doch mal ein paar Samen hinüberfallen, und niemand bemerkt es … Hoffen darf man ja.

Ansonsten wächst direkt unter Nadelbäumen so gut wie nichts, da ihre flachen Wurzeln alles Wasser aus dem Boden ziehen und ihre Nadeln die Erde sauer machen. Allenfalls würden sich in dem sauren Boden noch Rhododendren oder Heiden wohlfühlen, aber die brauchen eben feuchten Boden und müssten dann ständig gewässert werden. Eventuell kann man schattenliebende Stauden in Plastikkübel pflanzen, die man in die Erde eingräbt. So haben sie wenigstens etwas Wasser und Nahrung für sich. Ich habe das mal mit Minze in großen Kübeln probiert, das hat ganz gut funktioniert. Auch eine kleine Teichschale wäre denkbar, die man mit Erde füllt und dann mit Taubnesseln, Tränenden Herzen und Walderdbeeren bepflanzt. Mit etwas Glück bilden die Erdbeeren dann sogar Ausläufer über den Teichrand hinaus. Oder aber man pflanzt in attraktive Gefäße und gestaltet direkt vor die Hecke einen hübschen kleinen Topfgarten, der von dem trostlosen Anblick etwas ablenkt. Heidelbeeren in alten Fässern wären gut, und davor vielleicht einige hübsche Funkien und Farne in jeweils eigenen Gefäßen.

Sichtschutz für alle

Wer sich vor fremden Blicken fürchtet, sollte besser nur einzelne immergrüne Büsche vor die heiklen Stellen pflanzen, an denen man wirklich in den Garten hineinsehen kann. Die übrigen Grenzlinien werden mit gemischten, blühenden Sträuchern bepflanzt. Das ist für die Tiere angenehmer und sieht auch freundlicher aus. Idealerweise sollte eine Hecke zwar etwas abgrenzen, aber trotzdem nicht allzu abweisend und ausgrenzend wirken.

»Je kleiner
der Rasen,
desto besser!«

PROBLEMFALL RASEN

Mit Rasenproblemen kann man ganze Bücher füllen, denn Rasen macht eigentlich immer Probleme, sogar jede Menge Probleme. Unkraut, Pilze, Moos, Trockenheit, Nährstoffmangel oder zu viele Nährstoffe, verdichteter Boden, oder man ärgert sich schlicht darüber, dass der Rasenmäher schon wieder in die Reparatur gebracht werden muss oder dass einem das Benzin genau an dem Tag ausgeht, wo das Wetter endlich gut wäre. Von der Lärmbelästigung durch Rasenmäher mal ganz zu schweigen, besonders wenn die Nachbarn immer dann zu mähen beginnen, wenn ich mich gerade mal gemütlich mit einem Bier hingesetzt habe. Der Einzige, der wie ich nur einen kleinen Handmäher hat, ist mein Nachbar Godi, der in der anderen Haushälfte wohnt. Godi ist weit über achtzig Jahre alt, ein vernünftiger, sparsamer Mensch, der noch weiß, was sich gehört. Godi hat wie ich nur einen kleinen Rasen, weil wir nämlich den meisten Platz nutzen zum Ziehen von Gemüse und allerlei Blumen, was sowieso in jeder Hinsicht gescheiter ist.

Rasen ist eine Monokultur, also ökologisch betrachtet Blödsinn. Er muss ständig gewässert und gedüngt werden. Wenn er aussehen soll wie ein perfekter englischer Rasen, ja dann müssen auch in ihm wachsende Unkräuter und Moos vergiftet werden. Falls dann noch irgendwelche Tiere an den Wurzeln fressen, werden diese selbstverständlich auch vergiftet. Rasen zieht weder Schmetterlinge noch Bienen noch sonst etwas an, das einen erfreuen würde, höchstens vielleicht ein paar Amseln, die Löcher scharren, um vergeblich nach Würmern zu suchen. Wie viel freundlicher hingegen sieht ein Rasen aus, wenn Gänseblümchen und Primeln darin wachsen dürfen! Von mir aus auch Wegerich und Löwenzahn. Einzig mit dem Klee muss man etwas aufpassen, der blüht im Sommer, wenn man barfuß geht, und dann ist es nicht so praktisch, die Bienen anzuziehen. Aber alles, was im Frühling im Rasen blüht, erfreut auf jeden Fall mein Herz und ist willkommen.

Der Rasen wird bunt

Einen monotonen Rasen zu beleben ist denkbar einfach. Nichtstun hilft meistens schon. Weniger mähen und düngen, dann kommen die ersten Blumen ganz von allein. Nicht enttäuscht sein,

wenn das Löwenzahn ist, doch Löwenzahn ist doch auch schön! Und wenn jemand in meinem Garten die Nase rümpft, sage ich jeweils, ich brauche Löwenzahn für die Hühner. Hühner mögen zwar auch Gras, aber saftige Löwenzahnblätter fressen sie tausendmal lieber. Soviel ich weiß, gilt das für alle Haustiere, die Grünzeug fressen. Und den Rasen nur gießen, wenn es gar nicht mehr anders geht und alles braun zu werden droht! Wilde Blumen kommen mit viel weniger Wasser zurecht als Rasengräser. Einfach Mohnsamen in bestehenden Rasen zu säen macht aber beispielsweise keinen Sinn, denn Mohn wächst nur in frisch umgegrabener Erde. Auch eine Wildblumenmischung über den bestehenden Rasen streuen bringt nichts. Alles umgraben und eine Wildblumenwiese neu anlegen ist hingegen sehr aufwendig. Und eine klassische Wildblumenwiese gedeiht sowieso auf magerem Boden. Wurde der Rasen jahrelang gedüngt, dann ist auch

SABINES TIPP

Mähen, aber richtig

Wer sich das Leben etwas leichter machen will, der sollte seinen Rasen nicht zu oft und auch nicht zu kurz mähen. Wenn zu oft und zu kurz geschnitten wird, dann haben nämlich auch die Unkräuter mehr Licht und mehr Platz, sie wachsen dann umso schneller und breiten sich fleißig aus. Weniger gemähter Rasen vertrocknet im Sommer auch weniger schnell und muss weniger gewässert werden, außerdem ist er insgesamt robuster und pflegeleichter.

der Boden überdüngt, und mit den klassischen Wiesenblumen wird es in diesem Fall nichts. Was hingegen funktioniert: einzelne, schon größere Pflanzen wie Margeriten, Wiesensalbei, Kuckucksnelken und Kornblumen in kleine Löcher pflanzen, sie gut angießen und hoffen, dass sie sich versamen mögen. Das heißt aber, dass man nicht mähen darf, bis die Samen reif sind. Und auch nach dem Mähen das Heu immer gut ausschütten, vielleicht sogar ein paar Tage liegen lassen und jedenfalls dafür sorgen, dass die Samen wirklich in den Boden gelangen. Nachdem das Heu zusammengerecht ist, gebe ich manchmal sogar Wasser, damit die Samen am Boden kleben bleiben und gut Fuß fassen. Man muss aber sorgfältig gießen, und sie nicht etwa mit dem Strahl des Gartenschlauchs gleich wegschwemmen!

Zwiebelpflanzen eignen sich besonders gut, um sie im Rasen verwildern zu lassen. Infrage kommen Krokusse, Narzissen und im Schatten, wenn der Boden etwas feucht ist, auch die herzigen Schachbrettblumen *(Fritillaria meleagris)*. Für den Sommer sind wilde Gladiolen *(Gladiolus byzantinus)* wunderschön, und auch manche naturnahen Lilien wie Türkenbund lassen sich am Rand einer Wiese ansiedeln.

Kies und Duftpolster statt Rasen

An einer feuchten schattigen Stelle wird man mit einem Rasen immer Mühe haben. Man könnte ein gemütliches Bänklein hinstellen und Rasenkamille pflanzen, die duftet fein beim Betreten. Oder wilde Veilchen wachsen lassen, diese sind ganz zauberhaft und sie breiten sich gern als Bodendecker aus. Auch Walderdbeeren und Günsel geben im Halbschatten gute Bodendecker ab. Oder das Moos wachsen lassen, ein paar hübsche bemooste Steine und vielleicht noch einige interessante Wurzeln dazulegen und die Ecke zum japanischen Zen-Garten erklären. Auch Primeln fühlen sich ohne weitere Pflege im feuchten Halbschatten wohl. Ich habe auch schon mal extra das Gras gejätet, damit die Primeln mehr Platz hatten!

An einem heißen sonnigen Standort wird man mit Rasen auch immer Mühe haben. Statt ständig zu gießen, lieber die Grasnarbe entfernen, Wandkies – das sind unregelmäßig große Kiesel mit Sand gemischt – draufkippen und mediterrane Pflanzen wachsen lassen, beispielsweise kriechenden Thymian, Oregano, Majoran, bodendeckende *Sedum*-Arten, aber auch Schlafmohn, Kalifornischer Mohn, Federnelken und viele mehr fühlen sich dort wohl und kommen ohne Wasser zurecht. Das gefällt auch den Insekten, und als Sitzplatz ist so ein duftendes mediterranes Kiesplätzchen eh schöner als darbender Rasen.

Erinnerungen an den Süden

Manchmal hat der Garten auch seine eigenen Ideen. Ja, die besten Einfälle hat oft der Garten selbst, wenn man ihn denn machen lässt und wenn man bereit ist, auf seine Vorschläge einzugehen. Doch man muss genau hinschauen und verstehen, was er uns da sagen will. Pflanzen, die sich von selbst ein Plätzchen suchen, fühlen sich dort auch wohl. Und oft entstehen so Gartenbilder, die man in den kühnsten Träumen nicht hätte planen können. Ich hatte beispielsweise im Sinn gehabt, in meinem Seegärtchen in Twann die alten Waschbetonplatten zu entfernen und ein mediterran angehauchtes Plätzchen aus feinem Kies anzulegen, das schön knirschen würde beim Betreten. Ich entfernte die Platten. Zwei Wochen später sprossen auf dem baren Grund Hunderte von jungen Polstersedum-Pflänzchen. Statt sie zu vergiften, beschloss ich, etwas Kies dazwischenzustreuen. Und wenn sich zwischen dem *Sedum* dann noch kriechender Thymian ausbreitet, umso besser, dann duftet das Plätzchen auch noch würzig nach Süden. Und auch ein dünner Kiesbelag knirscht ein bisschen unter den Füßen, das ist in dem Fall hinreichend, um uns an glückliche Ferientage in der Provence zu erinnern.

Und wenn man doch einen perfekten Rasen möchte?

In Twann hatte meine Vorgängerin Rasen gesät. Leider waren die Wicken stärker, und auch sonst wuchs allerlei Unkraut, aber nicht die Art von Unkraut, an der man Freude gehabt hätte! Wicken gehören nun mal nicht unbedingt in den Rasen, sie gehören gar nicht in den Garten. Zwar blühen sie ganz hübsch, aber wenn man einmal Wicken hat, dann sind sie bald überall. Da ich sowieso schon am Rumbuddeln war, habe ich versucht, möglichst viel von den Wurzeln zu erwischen. Aber sie können aus dem kleinsten Wurzelresten wieder austreiben, und dann muss man sie hartnäckig immer wieder ausreißen oder mähen, bis sie irgendwann aufgeben. Oder man erstickt sie mit Karton, aber das hätte in dem winzigen Garten nicht schön ausgesehen. Tabula rasa ist manchmal besser, als lange herumzudoktern. Ich habe also die Wicken samt der alten Grasnarbe entfernt, und bei der Gelegenheit auch noch eine gute Handvoll Drahtwürmer an die Fische verfüttert. Und dann habe ich die Erde schön flach gerecht, frischen Rollrasen ausgelegt – wunderbar! Im Nu sieht alles perfekt aus, und Rollrasen ist auch weniger heikel als gesäter Rasen, der erst einmal keimen, wachsen und kräftig werden muss, bevor man ihn dann betreten darf. Rasensamen keimen aber nur, wenn die Erde

Bild links: Kaukasus-Vergissmeinnicht (Brunnera macrophylla) *und wilde Primeln lockern die Rasenfläche auf.*
Bild rechts: Narzissen lassen sich leicht im Rasen auswildern, insbesondere Narcissus poeticus *ist dafür bestens geeignet.*

regelmäßig feucht ist. Und man muss aufpassen, dass die Vögel die Samen nicht fressen, dass die Katzen nicht scharren und die Kinder nicht gleich alles wieder kaputt machen. Rollrasen hingegen wird verlegt, und dann kann man ihn gleich betreten. Rollrasen verlegen ist eine sehr befriedigende Aktion und kann locker an einem Wochenende geschafft werden, und dann hat man eine Weile seine Freude an dem perfekten neuen Platz, zumindest bis eines Tages doch die Wicken oder was auch immer wieder Oberhand gewinnt. Und dann heißt es irgendwann halt auch beim Rollrasen jäten, vertikutieren, düngen und vor allem: jede Woche mähen. Mit einem kleinen Handmäher ist das Mähen eigentlich noch erträglich, Hauptsache, kein Lärm und kein Benzingestank, denn dafür habe ich meinen Garten weiß Gott nicht! Doch so ein kleiner saftiger Rasenflecken ist eben auch ganz schön, ich gebe es ja zu. Ein Rasen beruhigt die Augen, das Gemüt und entspannt die Nerven. Außerdem kommen bunte Staudenbeete mit einem satten grünen Vordergrund erst richtig zur Geltung. Und wer keinen Sinn für Gartengestaltung hat, der kann immerhin mit dem

Rasenmäher sich und allen Nachbarn beweisen, dass er doch eine gewisse Ahnung vom Gärtnern habe. Und alles sieht wieder ordentlich aus. Aber vor allem kann man im frisch gemähten Gras wunderbar liegen und den Wolken zusehen, wie sie am Himmel über uns vorüberziehen. Und natürlich gibt es für die Kinder zum Spielen und herumtollen nichts Besseres als einen Rasen. Ich würde einfach wann immer möglich einen Rasenplatz nicht zu groß machen. Ein paar Quadratmeter kann man noch mit einigermaßen vernünftigem Zeitaufwand in Schuss halten. Aber ein großer, perfekter Rasen ist wie schon gesagt eben auch eine große Aufgabe und Herausforderung!

Doch egal, wie groß der Rasen ist, mir ist es schnell verleidet mit dem Rasenmähen, und so habe ich nach ein paar Monaten den Rollrasen wieder entfernt und stattdessen das Kiesplätzchen angelegt. Da kann man genauso gut Tisch und Stühle draufstellen und gemütlich ein Buch lesen.

Wer Rasen selbst ansät, hat mehr Auswahl an verschiedenen Grassorten. Da gibt es vom klassischen englischen Rasen über den recht robusten Spielrasen zum extrem strapazierfähigen Sportrasen, dem Landschaftsrasen und der eigentlichen Wiese jede Spielform. Das Konzept der einheitlichen grünen Rasenfläche stammt aus England. Als die Bauern im 19. Jahrhundert in die Städte zogen, um in den neuen Fabriken zu arbeiten, haben sie den Traum von den saftigen grünen Wiesen, die ihre Heimatdörfer umgeben hatten, mitgenommen und ihn zumindest als Zitat vor ihren Reihenhäuschen verwirklichen wollen. Die Kunst des englischen Rasen wurde dann über Generationen perfektioniert. Heute ist kaum jemandem mehr bewusst, woher die Idee stammt und dass sie ja an sich eben veraltet und nicht mehr sehr zeitgemäß ist. In den meisten Fällen tut es in einem heutigen Garten ein Gebrauchsrasen oder ein Vielzweckrasen, im Handel manchmal auch als Universalrasen angeboten. Dabei handelt es sich um robuste, pflegeleichte Auslesen, die auch einigermaßen trockenheitsverträglich sind.

Um sich die Arbeit mit dem Rasenmähen zu erleichtern, helfen bodenebene Mähkanten aus Pflaster- oder Ziegelsteinen. So muss man nach dem Mähen nicht jedes Mal noch mühsam von Hand die Kanten schneiden.

Bild links: **An einem heißen, trockenen Standort hat man mit einem Kiesbelag wesentlich mehr Freude als mit Rasen.**

Bild 1: Halm für Halm schön grün –
Rasen beruhigt das Gemüt.
Bild 2: Rollrasen verlegen macht
Freude – und für eine Weile hat man
damit auch keine Probleme.
Bild 3: Ein junger Zwergwyandotten-
Hahn macht sich ganz alleine auf,
die Welt zu entdecken.

»Weg mit dem Beton, Platz für die Pflanzen!«

ALTE STRUKTUREN AUFLÖSEN, NEUE FORMEN WAGEN

Was zum Teufel soll man anfangen mit einem verwahrlosten Platz aus kaputten Waschbetonplatten und über Jahrzehnte festgebackenem Kies? Als ich den alten Garten in Biel übernahm, habe ich gleich mal versuchsweise mit dem Pickel ein paar Platten herausgehebelt. Doch um auf diesem harten steinigen Grund Gartenbeete anzulegen, hätte ich einen Bagger gebraucht, um Kies und Bauschutt zu entfernen. Ich hätte Wagenladungen mit guter Gartenerde ankarren müssen – ein Riesenaufwand. Ein Ausflug in die nahe gelegene Kiesgrube öffnete mir die Augen: Wilder Oregano, Thymian, Kamille, Schafgarben und Stechäpfel wuchsen da, diverse Hauswurzarten und viele andere Pflanzen. Ich beobachtete die Schmetterlinge, es war ein reichhaltiges Biotop, das sich auf dem kargen Grund ganz von allein entwickelt hatte. Warum sollte das also nicht auch bei mir funktionieren?

Mit dem Pickel lockerte ich den Kies etwas auf. Dann grub ich kleine Löcher, die ich mit Kompost füllte, und pflanzte verschiedene Thymiansorten, goldenen Majoran und Bergsalbei in allen Farben und Aromen. Ich pflanzte Ysop, Stachys, Wollziest, Kamille, Schnittknoblauch, Silberblattsalbei und was ich noch so finden konnte. Alle Kräuter, die es heiß und trocken mögen, kamen im Prinzip infrage. Dabei pflanze ich jeweils lieber ein Dutzend verschiedener Sorten und beobachte erst einmal, was gedeiht und was nicht. Tatsächlich wuchsen sie alle, und Stachys, Kamille und der Schnittknoblauch versamten sich sogar gut. Bald gesellten sich ohne mein Zutun Nachtkerzen und Mohnblumen dazu.

Wände und Durchblicke

In manchen Gärten ist zwar der Boden fruchtbar und gut, aber der Garten wirkt langweilig. Da hilft es oft, einmal in die Höhe zu denken. Ein berankter Torbogen oder eine Pergola sind natürlich großartige Gartenelemente, einfacher sind aber Vorhänge, die provisorisch an einer Leine aufgehängt werden. Jedenfalls gilt es, Perspektiven und Durchblicke zu schaffen. Nichts ist langweiliger, als

SABINES TIPP

Schwere Platten mit einem Pickel oder Brecheisen anheben. Und dann einen Stein unterlegen, weiter anheben, einen größeren Stein unterlegen. Wiederholen, bis sich die Platten wegkippen lassen. Idealerweise stellt man sie auf eine Kante, und schiebt sie dann mit der Sackkarre weg.

wenn man den ganzen Garten auf einmal überblicken kann. Ein monotoner Garten kann auch in mehrere verschiedene Themengärten unterteilt werden. Ich schlage dazu jeweils ein paar Dachlatten in den Boden und spanne dazwischen Seile, sodass man sich die neue Raumeinteilung auch vorstellen kann. Gute Raumteiler für eine Saison sind Kletterbohnen, und an Bohnenstangen kann man auch Trichterwinden oder Glockenreben oder andere einjährige Kletterer hochranken lassen. An Seilen lassen sie sich ebenfalls durch den Garten ziehen, und wenn die neuen Installationen gefallen, können die Stangen durch einbetonierte kräftigere Pfosten ersetzt werden, an denen Reben, Brombeeren, Kletterrosen, Clematis oder Heckenkirschen langfristig durch den Garten winden. Auch Kiwi eignen sich, vorausgesetzt, man pflanzt ein Männchen und ein Weibchen zusammen Meist wird empfohlen, den Garten erst auf Papier zu planen, was für den Anfang auch hilfreich sein kann. Ein paar Pflöcke und Seile zum Ausprobieren scheinen mir aber praktischer, man weiß dann gleich, wovon man redet, und sieht auch sofort, wie es von allen Seiten aus betrachtet wirkt und vor allem, wie das Ganze aussieht, wenn man zum Fenster hinausschaut.

Sind neue Ecken und Räume geschaffen, stelle ich mal einen hübschen alten Stuhl mit einem kleinen Tisch hin und dann noch eine schöne Topfpflanze darauf. Kleiner Aufwand – große Wirkung. Auch wenn man dort nie sitzen wird, verbreiten ein paar verwitterte Gartenmöbel doch gleich ein romantisches Flair. Auch Spiegel können ein interessantes Gestaltungselement sein. Insbesondere am Ende eines Weges oder an einer Mauer kann ein

Bild unten: **Vorhänge schaffen Räume und Durchblicke.**
Bild rechts: **Ein schönes Stofftuch und eine Handvoll Rosen verzaubern den Tisch in eine einladende Tafel.**

Spiegel die Illusion von mehr Weite schaffen, aber er will dann auch gelegentlich mal geputzt werden.

Wegräumen, was nicht passt

In unserem Garten stand genau an der Stelle, wo abends die letzten Sonnenstrahlen hinreichen, ein alter Gartenschuppen. Den fanden meine Tochter und ihre Freunde zwar spannend zum Spielen, aber ich sah in Gedanken vor mir einen langen Tisch an der Stelle, schön gemütlich versteckt hinter dem Haus, das am Mittag Schatten warf, sodass wir im Sommer draußen essen konnten, auch an sehr heißen Tagen. Und abends würden wir bei einem Glas Wein die letzten Sonnenstrahlen genießen. Meine Tante half mir dann, den Schuppen abzureißen. Das können Frauen genauso gut, weil man mit etwas Überlegung nicht viel Kraft dazu braucht. Also haben wir die Pfosten unten durchgesägt – und zack!, schon stürzte das Ungetüm in sich zusammen. Ein paarmal mit dem Vorschlaghammer draufschlagen, an den

verbliebenen sperrigen Trümmerteilen noch die eine oder andere Schraube lösen – schon passte der Schuppen in meinen Kofferraum, und ab in die Mülldeponie damit. Die Aktion hatte keine Stunde gedauert. Wir fegten den Platz und stellten gleich einen Tisch und ein paar Stühle hin. Oh, der Garten schien nun viel größer, denn von diesem Platz aus sahen wir beide Seiten auf einmal. Da taten sich ganz neue Perspektiven auf, linker Hand die stattlichen Hortensien, dahinter die Staudenbeete und die Rosen. Und auf der anderen Seite dann die Gemüsebeete und dahinter weitere Rosen. So klein war der Garten nämlich gar nicht. Es ging nur darum, am richtigen Ort zu sitzen und von der richtigen Stelle aus zu schauen. So mittendrin sitzend wirkte das nun alles schon fast großartig.

Großzügige Plätze

Im Verlauf des Sommers habe ich dann noch einen Meter Rasenziegel abgestochen und weggebracht sowie auf einer Sandschicht

noch zwei weitere Reihen Platten verlegt, die ja vom Vorplatz übrig waren. Mit dem restlichen Sand habe ich auch gleich die schrägen Platten gerade gerichtet. Prima, jetzt steht auch der Stuhl an der unteren Tischkante gerade, und statt acht haben nun bequem zehn Leute Platz. Und später habe ich dann nochmals eine Reihe Platten hinzugefügt, denn inzwischen standen schon zwei Tische auf dem Platz, weil wir oft mit den Nachbarn zusammen gegessen haben. Kam dann noch Besuch hinzu, saßen schnell mal ein Dutzend Leute am Tisch.

Wer einen neuen Sitzplatz plant, sollte ihn also großzügig bemessen. Tendenziell geraten Plätze meistens zu klein, wenn man sie nach Gefühl anlegt. Ich würde den Sitzplatz grundsätzlich so groß wie möglich machen. Schließlich stehen nebst Tischen und Stühlen meist noch Sonnenschirme, der Grill, diverse Spielsachen und alles Mögliche herum. Und wenn der Sitzplatz zu knapp bemessen ist, wirkt dadurch auch der ganze Garten etwas eng und klein. Ich würde nur so viel Platz für die Beete ringsherum lassen, dass etwas Grün und Blumen hineinpassen. Nur Betonplatten sehen dann auch nicht so toll aus. Bei uns ergibt sich das von allein, weil der Sitzplatz direkt am Gemüsegarten liegt. Und so wachsen am Rand Mais und Erdbeeren mit ein paar Rudbeckien dazwischen, das sieht unkompliziert und eigentlich auch ganz hübsch aus. Hauptsache, neben einem Sitzplatz wächst nichts, was giftig oder stachelig oder dornig ist, das gilt insbesondere in Gärten mit Kindern. Aber auch für die Erwachsenen sind überbordende Randbepflanzungen praktisch … Ich bin schon ein paarmal mit einem hübschen Kleid an dieser blöden namenlosen Rose hängen geblieben, die an der unteren Seite des Platzes wächst, weil sie seinerzeit an dem nun abgerissenen Schuppen hatte hochklettern sollen. Ich nehme mir jedes Mal vor, die Rose auszugraben, aber da sie schon Jahrzehnte dort ist und ihr Stamm ziemlich dick, schnipple ich jeweils wieder nur ein paar Zweige weg, die besonders weit herausragen.

Meine Nachbarin hat mir zur Einweihung des vergrößerten Sitzplatzes zwei wunderschöne türkisfarbene Stofftischtücher geschenkt. O ja, schöne Tischtücher in kräftigen, leuchtenden Farben, davon hat man nie genug! Meinerseits habe ich mir noch neue Kerzengläser gegönnt, die lustige Schatten auf die Tische werfen. Natürlich ist das kitschig, aber ein bisschen Deko und Kitsch darf schon sein im Sommergarten. Und so hat sich der anfangs ungeliebte Platz mit den alten Waschbetonplatten bald zum eigentlichen Zentrum des Gartens entwickelt, wir verbrachten praktisch den ganzen Sommer dort.

Fließende Übergänge statt Beetränder

Oft liegt es an zu vielen geraden Linien und langweiligen Beeträndern, wenn ein Garten spießig wirkt. Mein Gärtchen in Biel war mit Stellbalken aus Beton gesegnet, jeder Menge Stellbalken. Im letzten Jahrhundert waren die Beete oft zu schmal angelegt und mit Betonelementen eingefasst worden. Hauptsache, es herrschte Ordnung! Also weg damit! Die Stellbalken haben allerdings ein monströses Gewicht und sind nicht so leicht zu entsorgen. Ich versuchte, sie zu verschenken. Nur wollte sie niemand haben. Wie viel natürlicher wirken dagegen fließende Umrandungen aus Tonscherben, alten Ziegeln oder Flaschen! Alles, was nicht zu fix ist und was sich leicht von den Pflanzen überwuchern lässt, zaubert ein Gefühl von Freiheit in den Garten. Feste Strukturen auflösen ist in alten Gärten eigentlich immer eine gute Idee. Dann können die Pflanzen in ihrer natürlichen Wuchsform aus den Beeten quellen und sich frei ausbreiten. Bei mir wucherten bald Monatserdbeeren vom Beet auf den Kiesplatz, und auch die

vorhandenen Stauden atmeten ob dem neu gewonnen Freiraum regelrecht auf. Funkien, Frauenmantel, Katzenminze, Thymian und Polster-nelken bilden nun üppige Polster, und es macht mir Freude zu sehen, wie munter sie in alle Richtungen wachsen. Auch Silberblattsalbei ist eine wunderbare Randpflanze, so können die Kinder die zart behaarten Blätter streicheln. Gute Pflanzen für den Rand, die sogar mal einen Fußball überleben und nicht gleich eingehen, wenn mal jemand draufsteht, sind Taubnesseln, Storchenschnabel oder Bergenien und für größere Bereiche eventuell sogar die stark wuchernden Immergrün oder Johanniskraut, falls man die mag, ich jedenfalls mag sie beide nicht.

Um in der neu gewonnenen Freiheit doch noch einen Hauch von Struktur zu bewahren, stelle ich große Töpfe mit Funkien und Lilien zwischen die überbordenden Stauden. Im Frühling sehen auch Kübel mit blühenden Tulpen vor den Beeten schön aus. Ich mag mobile Töpfe im Vordergrund von Staudenbeeten. Sie bringen Höhe und Dramatik und vor allem können sie den Jahreszeiten entsprechend wieder umgestellt werden. So habe ich immer interessante Blickfänge im Vordergrund, ohne für die saisonalen Farbtupfer allzu viel Platz in den knapp bemessenen Beeten opfern zu müssen.

Das Fantastische an Töpfen ist ja, dass man ohne große Anstrengung und je nach Lust und Laune jederzeit umgestalten kann. Eigentlich sollte man das sowieso öfters mal machen, den Garten richtig ausmisten. Insbesondere im Frühling. Alles, was halbtot aussieht, schmeiße ich dann lieber weg, als mich die ganze Saison zu ärgern, dass beinahe erfrorene Pflanzen sich eben doch nicht mehr richtig erholen. Und dafür freue ich mich, dass ich ein paar leere Töpfe gewonnen habe, um Neuheiten auszuprobieren! Auch alles, was einem schlicht nicht mehr gefällt, darf man bei der Gelegenheit entsorgen. Ich finde das gnädiger, als ungeliebte Pflanzen ewig darben zu lassen. Ich finde, wenn man eine Pflanze selber gezogen hat, dann darf man sie auch wegwerfen, wenn sie ihren Zenit überschritten hat, oder einfach verschenken. Aber bitte nicht einfach in einer Ecke vor sich hinkümmern lassen. Dann lieber gleich weg damit und Platz schaffen für Neues. Schließlich halte ich es mit dem Kleiderschrank auch so, dass ich gelegentlich mal ausmiste, und die Hälfte entsorge.

Bild links: Ein Spiegel an der Hauswand verleiht dem Garten eine weitere Perspektive und lässt ihn größer scheinen.

Bild 1: Ein organischer Beetrand aus Steinen, Wurzeln und Schneckenhäusern.
Bild 2: Rindenhäcksel auf dem naturnahen Gartenweg.
Bild 3: Tonscherben grenzen das kleine Kiesplätzchen ab.

»Ich freue mich jedes Mal, wenn ich aus dem Fenster schaue.«

GÄRTEN OHNE GARTENBODEN

Gärtnern in Gefäßen ist ideal für alle, die wenig Platz oder nur einen Balkon haben. Auch auf wenigen Quadratmetern lässt sich ein blumiges Paradies zaubern. So ein kleiner Topfgarten hat viele Vorteile: Jedes Jahr im Mai wird alles neu gepflanzt, die Farben, die Sorten, das ganze Konzept kann immer von Neuem komponiert werden. Auf kleinem Raum schafft man es dann auch mit bescheidenem Budget, eine tolle Wirkung zu erzielen – und der Kreativität sind beim Bepflanzen der Gefäße keine Grenzen gesetzt. Ich experimentiere mit schwarz-gelben Surfinien und kleinen Petunien, unterpflanze sie mit dunkelroten Süßkartoffeln und rotem Sauerampfer, um die dramatische Wirkung zu verstärken. Dazu noch ein paar gelbe Blütensterne des Kapkörbchens – perfekt! Natürlich müssen so viele Pflanzen auf engem Raum regelmäßig gegossen und gedüngt werden, denn von nichts können sie nicht die ganze Saison durchblühen. Das gehört dann zu meinem Morgenritual: Kaffee trinken, Blumen gießen, Zähne putzen. Auf diese fünf Minuten mehr kommt es schließlich nicht drauf an. Und dafür habe ich jedes Mal Freude, wenn ich aus dem Fenster hinausschaue und die blühende Pracht sehe. Und die Nachbarn haben ebenfalls Freude daran, so ein altes Häuschen sieht halt gleich sehr viel netter aus, wenn vor den Fenstern bunte Blumenkästen hängen!

SABINES TIPP

Auf das Material achten

Wer sich die Arbeit erleichtern will, sollte Gefäße verwenden, in denen das Wasser nicht verdunstet. Terrakotta ist unter diesem Aspekt gesehen denkbar ungünstig, da er sehr porös ist. In Eternit- oder Plastikkästen verdunstet viel weniger Wasser. Wer schöne Tontöpfe hat, kann auch einen Kunststofftopf hineinstellen, den man nicht sieht. Die Ränder lassen sich mit Moos abdecken. Das hilft zusätzlich, Wasser zu speichern. Und Körbe werden vor dem Bepflanzen mit Plastik ausgelegt.

Pflanzen in Gefäßen düngen

Wer gar keinen Garten hat, kann in den üblichen Balkonkistchen auch ganz gut etwas Salat und Kräuter ziehen, die brauchen nämlich nicht mehr Platz. Schön ist eine Mischung aus Salat und essbaren Blüten wie beispielsweise Ringelblumen und Kapuzinerkresse. Inzwischen gibt es auch diverse kompakte Gemüsepflanzen, die eigens für die Kultur auf dem Balkon gezüchtet wurden. Insbesondere Cherrytomaten und auch Auberginen sind sehr hübsche Balkonpflanzen! Man kann sie übrigens ganz gut mit Blumen kombinieren. Eine Aubergine mit gelben Husarenknöpfchen unterpflanzt wirkt zum Beispiel sehr gut. Auch Tomaten und Pelargonien passen zusammen, da sie beide die gleichen Bedürfnisse haben: Sie möchten möglichst kein nasses Laub bekommen und stehen gern in einer sonnigen, geschützten Ecke. Das ideale Team für die heißen Sommermonate.

Sicher sind die neuen Systeme für vertikale Gärten eine gute Lösung für kleine Balkone. Da gibt es Salattürme oder Pflanztaschen, die an der Wand befestigt werden können. Auch Hängekörbe lassen sich mit Gemüse oder mit Erdbeeren bepflanzen. Und zum Anbau von Gemüse auf dem Balkon kann man auch Säcke mit Pflanzerde direkt auf den Boden legen, ein Loch hineinschneiden und die jungen Pflanzen direkt einsetzen. Insbesondere für Tomaten, Auberginen und Peperoni bewährt sich diese Anbaumethode, da das Gießwasser in den Säcken nicht verdunstet. Und Ende der Saison schmeißt man das Ganze in die Grünabfuhr und muss nicht noch mühsam Gefäße reinigen und in den Keller tragen.

Beim Bepflanzen von Gefäßen gilt grundsätzlich: Immer frisches Substrat nehmen und die alte Erde vom letzten Jahr wegwerfen.

Sie ist verbraucht, und oft sind auch Krankheitserreger und Schädlinge drin. In das Substrat von Töpfen mische ich manchmal noch eine Handvoll Gartenerde und etwas Kompost bei. Das verbessert die Struktur, und vor allem gelangen so Mikroorganismen an die Wurzeln. Man muss nur aufpassen, dass es nicht Erde ist, in der zu viele Unkrautsamen schlummern. Anschließend pro Gefäß etwa so viele Pflanzen hineinsetzen, wie Platz haben. Da man sowieso düngt und gießt, macht es nichts, wenn sie etwas dichter stehen. Das sieht allemal besser aus! Und sie müssen nur bis zum Herbst leben und werden dann ersetzt. Anfangs tat es mir leid, die verblühten Sommerblumen wegzuwerfen, aber ich sagte mir dann jeweils, dass ich einen verblühten Blumenstrauß auch nicht aufbewahren würde. Man freut sich eine Saison lang daran, und basta. Eigentlich ist das auch befreiend, nicht immer alles überwintern und aufbewahren zu müssen.

Aber düngen muss man sie, sonst halten sie nicht einmal eine Saison lang durch. Hierfür sind zerbröselte Eierschalen gut, sie enthalten Kalzium und Kalium und werden unter das Substrat gemischt. Von anderen Hausmittelchen und alten Weisheiten wie Kaffeesatz oder Bier ist abzuraten. Kaffee macht den Boden sauer, was den meisten Pflanzen nicht bekommt. Bier führt zu Fäulnis, und außerdem ist Alkohol giftig, auch für Pflanzen. Gelegentlich liest man in alten Gartenbüchern, dass Ammoniak gut sei für Pflanzen. Ja, Ammoniak enthält Stickstoff, aber die Dosierung ist das Problem. Besser richtigen Pflanzendünger kaufen und diesen gemäß der Packungsbeilage dosieren. Mehr Dünger geben als empfohlen heißt nicht, dass die Pflanzen dann besser blühen oder größer werden. Eine Überdosis führt dazu, dass die Pflanzen zu viel Wasser in ihrem Gewebe einlagern. Und dann werden sie schwach und anfällig für Krankheiten und Schädlinge. Wird dann noch mehr Dünger gegeben, dann verbrennen die Wurzeln und sie können gar kein Wasser mehr aufnehmen. Das sieht dann aus, als ob sie vertrocknet wären. Um die Qualität zu steigern, hilft also nicht mehr Dünger, sondern von Anfang an besseres Substrat mit guter Wasserdurchlässigkeit.

Dipladenia, das gelbe Wunder

Es kommt alle Schaltjahre einmal vor, dass eine wirklich fantastische Neuheit auftaucht, eine Pflanze, die man so noch nie gesehen hat, die auch keiner anderen Pflanze gleicht, die man vielleicht schon mal gesehen hätte, und die dazu auch noch schön, ja umwerfend schön ist. Solche exotischen Prachtpflanzen sind dann in der Regel umso heikler. Nicht aber die *Dipladenia* Diamantina® 'Opale Citrine', die dank ihren rübenförmigen Speicherwurzeln auch eine Woche ohne Wasser zurechtkommt. Ja, sie kommt sogar besser zurecht, wenn man sie nicht zu oft gießt! Einzig Sonne braucht sie, je mehr Sonne sie kriegt, desto eifriger blüht sie. Die ideale Pflanze also für einen heißen Balkon oder eine sonnige Hausmauer, wo alles andere schnell verbrennt – für solche Standorte ist die Auswahl ja nicht gerade groß. Entsprechend begeistert war ich letztes Jahr, als ich vorab eine gelbe *Dipladenia* Diamantina® 'Opale Citrine' erhalten habe. Sie war DER Hingucker in meinem Garten. Einfach nur wunderschön! Oh und Ah von allen, die sie gesehen haben, wie sie meinen Torbogen umrankte und blüh-

te und blühte und blühte bis weit in den Herbst hinein. Ihre glänzenden, gummibaumartigen Blätter werden auch kaum von Schädlingen befallen. Nicht einmal meine fleißigen Dickmaulrüssler haben sich dafür interessiert. Mein erster Gedanke war, dass eine derart perfekte Pflanze vielleicht aus dem Labor kommen würde, ja, sie war fast zu gut, um real zu sein. Aber die *Dipladenia*, auch bekannt als *Mandevilla*, gibt es tatsächlich schon sehr lange. Entdeckt wurde sie im 19. Jahrhundert von John Henry Mandeville in Argentinien. Der Generalbevollmächtigte der

Bild links: Mediterrane Kräuter wie Rosmarin und Lavendel fühlen sich in Tontöpfen wohl, da sie es gerne trocken und sonnig mögen.
Bilder unten links: Salate gedeihen in alten ausgedienten Weinkistchen und können so auch gut portioniert werden.
Bild unten rechts: Eine Balkontomate fühlt sich in einer alten Konservendose wohl, vorausgesetzt der Boden wurde zuvor durchlöchert.

britischen Königin Victoria hatte damals halb Südamerika bereist auf der Suche nach neuen Pflanzen. Auch in Ecuador und Bolivien kommen wilde Mandevillas vor, die aber in unserem Klima nur im beheizten Gewächshaus kultiviert werden könnten.

So viel also zur Geschichte. Seit einigen Jahren haben die geschützten *Mandevilla*-Marken Sundaville® und Tropidenia für einiges Aufsehen gesorgt und den Pelargonien die sonnigen Balkonplätze streitig gemacht. 2012 wird nun die neue Linie der Diamantina® eingeführt, die nebst der gelben Züchtung auch rosarote, weiße und rote Sorten in verschiedenen Schattierungen und teilweise sogar mit duftenden Blüten enthält. Die Züchter hüllen sich allerdings in Schweigen, was ihre genaue Herkunft betrifft. Zumindest konnte ich in Erfahrung bringen, dass die meisten der neuen Züchtungen auf *Mandevilla sanderi* zurückgingen. Aber insbesondere um die gelbe 'Opale Citrine' machen sie ein großes Geheimnis. Verständlich ja auch, sonst würde doch jeder versuchen, sie nachzuzüchten. Man darf sie aber nicht einmal selbst vermehren, denn die neuen Sorten sind alle patentrechtlich geschützt. Dabei würden sie sich leicht bewurzeln lassen, aber eben verboten ist verboten. Statt mich zu ärgern, dass immer mehr Pflanzen patentiert werden, freue ich mich einfach, dass eine wunderschöne Neuheit den Weg in unsere Gärten findet.

Gute neue Balkonpflanzen

Die Züchter haben große Fortschritte gemacht, und es kommen immer neue, länger blühende und weniger heikle Sommerpflanzen auf den Markt. Von den Verbenen gibt es sehr robuste neue Sorten, die nicht viel Wasser brauchen. Die neuen Empress-Verbenen können auch größere Töpfe in ein Blütenmeer verwandeln, und sie halten sogar bei extremen Witterungsbedingungen durch. Auch Gazanias und Kapmargeriten (*Osteospermum*) sind dankbare Balkonblumen. Bei den Begonien sind neue Sorten wie die 'Million Kisses Elegance' ein echter Gewinn. Elfensporn (*Diascia*) ist ebenfalls in letzter Zeit häufiger erhältlich, sie sehen sehr zart und fragil aus, genau wie die Sonnenfee (*Nemesia*). Beide sind ziemlich hart im Nehmen! Und vor allem sehen sie hübsch aus. Auch Bacopa (*Sutera*) ist eine gute neuere Sorte für unsere Balkone. Und ich liebe Angelonien (*Angelonia*)! Sie sind so romantisch und tiefgründig und blühen monatelang. Und natürlich Zweizähne (*Bidens*), die wir schon lange kennen. Von ihnen gibt es neue Züchtungen mit größeren Blüten. Die großblütige Bidens 'Biddy Gonzales Big' ist ebenfalls fantastisch. Sie verträgt Hitze gut und kommt auch mal einen Tag ohne Wasser zurecht.

Auch bei den Petunien wurden große züchterische Fortschritte gemacht. Besonders schön ist 'Queen Bee', sie ist schwarz mit gelbem Stern, und es gibt auch ganz schwarze Sorten, die in Kombination mit hellen Blüten faszinierende Kontraste bilden. Sehr beliebt sind die kleinblütigeren Calibrachoa, insbesondere die ausgesprochen blühfreudige Sorte 'Million Bells'. Es gibt sie in zarten Pastelltönen, aber auch in diversen fröhlichen Farben.

Sommerflor im Gartenbeet

Einjährige Sommerblumen sind in den letzten Jahrzehnten etwas aus der Mode gekommen, aber ich bepflanze gern ganze Beete mit ihnen. Das kostet nicht viel, ist schnell gemacht und hat vor allem den Vorteil, dass die meisten einjährigen Blumen rascher wachsen und blühen, als sie von Krankheiten befallen werden können. Bis Pilzkrankheiten und dergleichen auftauchen, neigt sich die Saison meist schon längst dem Ende zu. Wichtig ist nur, nicht Jahr für Jahr die gleichen Sorten zu säen. Im Prinzip wende ich bei Beeten mit einjährigen Sommerblumen auch die Regeln der Mischkultur an: Abwechslung lautet das Geheimnis.

Sonnenblumen und *Verbena bonariensis,* das Patagonische Eisenkraut, sind meine Klassiker, beide absolut problemlos, wachsen wie verrückt und machen richtig was her. Man braucht für einen Sommer bloß zwei Samentüten zu kaufen, das reicht für ein großes Beet und wird ein echter Hingucker. Bei den Sonnenblumen schätze ich 'King Henry', da die gut verzweigen und monatelang immer wieder neue Blüten bilden. Und groß werden sie natürlich auch! Genau das Richtige für Leute, die unkompliziert gärtnern wollen! Das einzige Problem mit 'King Henry' ist, dass die Meisen sie genauso lieben wie ich und die Samen alle wegfressen, bevor sie reif sind. Und so muss ich dann halt doch jedes Frühjahr neue kaufen.

Leicht selbst zu ziehen sind auch die Quastenblumen (*Emilia*), die man hierzulande noch viel zu wenig sieht. Dabei braucht man sie nur auszusäen, ich wüsste nichts von Krankheiten oder Problemen, die wachsen eigentlich immer. Die Sorte 'Scarlet Magic' hat leuchtend rote Blütenköpfchen, 'Irish Poet' blüht in einem knalligen Orange. Auch die Jungfern im Grünen wachsen ganz von alleine und sehen zauberhaft aus, auch wenn man ein größeres Beet damit bepflanzt. Und natürlich kann man mit einer einzigen Tüte Ringelblumen (*Calendula*) ein ziemlich großes Beet über viele, viele Monate zum Blühen bringen! Und im Herbst gräbt man sie in den Boden ein und lässt sie verrotten.

Bild 1: Neue Schönheit für Gefäße: Angelonia 'Angel Wings Blue Carpet'.

Bild 2: Sensationelle Neuheit für heiße Balkone: Dipladenia® Diamantina 'Opale Citrine'.

Bild 3: Die Ballonblume (Platycodon grandiflorus) sieht man jetzt öfter in Balkonkästen und Töpfen. Da sie mehrjährig ist, pflanze ich sie im Herbst in den Garten.

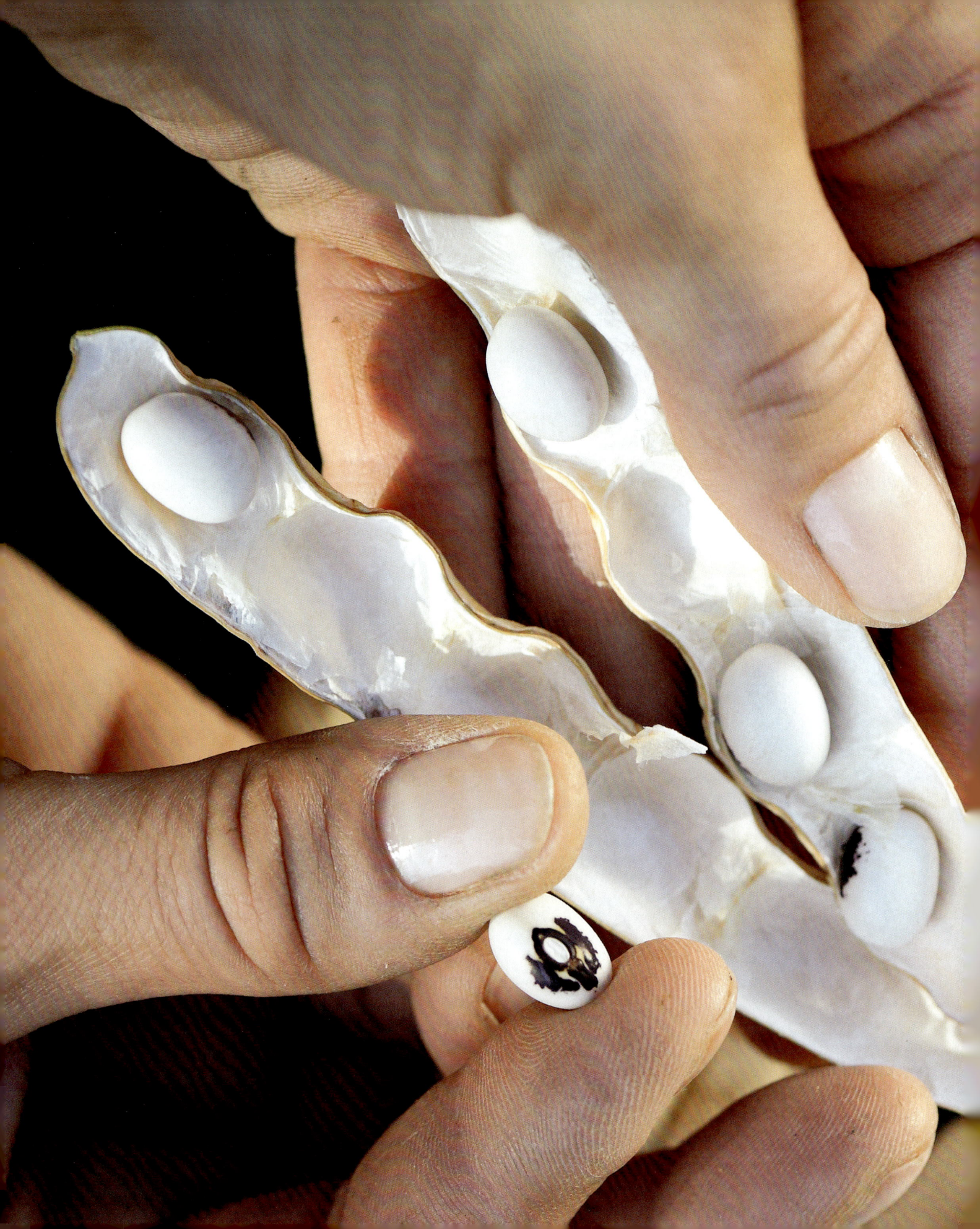

BEFREITE PFLANZEN

Pflanzen wollen leben und wachsen und sich vermehren. Lassen wir ihnen die Freiheit, sich zu entfalten. Dann haben wir im Garten mehr Freude – und vor allem weniger Arbeit!

»Ein Garten ist wie
ein Hund, um den
man sich auch jeden
Tag kümmert.«

AUCH PFLANZEN HABEN RECHTE

Neulich, als meine Tochter ein Kaninchen unsanft anfasste, sagte ein Bekannter: »Pass auf, das ist ein Tier, keine Pflanze!« Für diesen Satz hätte ich ihm fast die Freundschaft gekündigt. Ich sehe überhaupt keinen Grund, warum man mit Pflanzen weniger sorgfältig umgehen sollte als mit einem Tier. Wenn jemand sich überlegt, einen neuen Garten anzulegen, dann sage ich jeweils: »Ein Garten ist wie ein Hund. Er ist ein wunderbarer Begleiter, aber du musst dich dann auch jeden Tag um ihn kümmern.« Die meisten Pflanzen brauchen gar nicht sehr viel Zuwendung. Unsere Haus- und Gartenpflanzen brauchen aber Liebe, und sie wollen gefüttert und gepflegt werden.

»Pflanzen sind Lebewesen«, heißt es in den Rheinauer Thesen aus dem Jahr 2008. Darin hat die Schweizer Gentechnologie-Kritikerin Florianne Koechlin zusammen mit anderen Wissenschaftern erstmals in aller Deutlichkeit die Rechte der Pflanzen formuliert. »Pflanzen sind Tieren und Menschen verwandt«, heißt es darin. Wir alle stammen von denselben einzelligen Lebewesen ab, die sich in drei Milliarden Jahren Evolution zu einer großen Vielfalt an Lebensformen differenziert haben. Im Unterschied zu Menschen und den meisten Tieren sind Pflanzen ortsgebunden. In mancher Hinsicht sind die Pflanzen uns sogar überlegen, denn ohne sie würden Menschen und Tiere verhungern. Sie sind gewissermaßen die Grundlage allen Lebens auf dieser Erde.

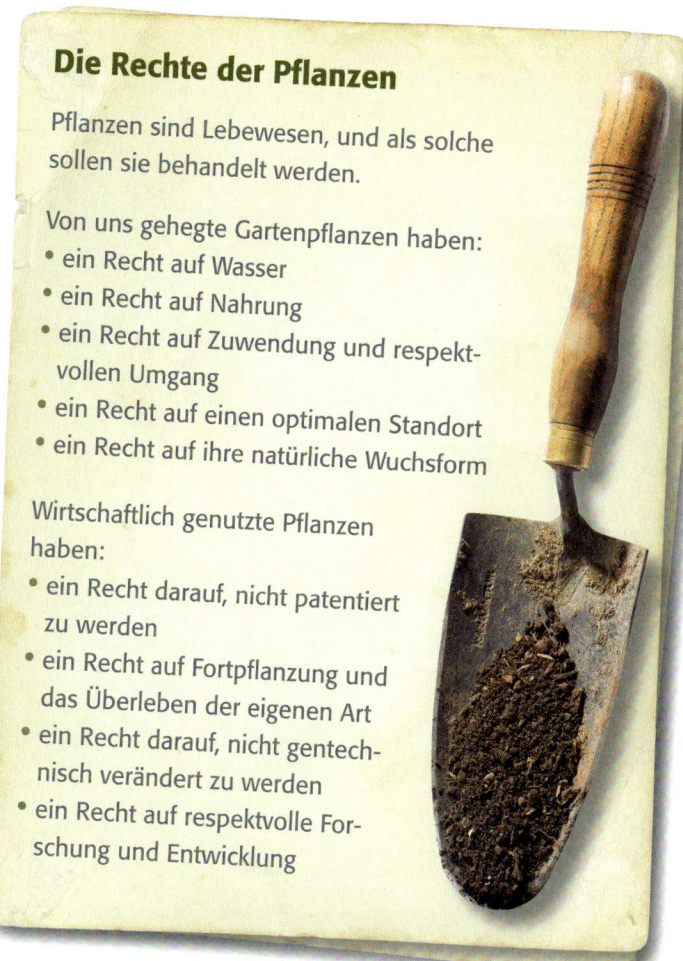

Die Rechte der Pflanzen

Pflanzen sind Lebewesen, und als solche sollen sie behandelt werden.

Von uns gehegte Gartenpflanzen haben:
- ein Recht auf Wasser
- ein Recht auf Nahrung
- ein Recht auf Zuwendung und respektvollen Umgang
- ein Recht auf einen optimalen Standort
- ein Recht auf ihre natürliche Wuchsform

Wirtschaftlich genutzte Pflanzen haben:
- ein Recht darauf, nicht patentiert zu werden
- ein Recht auf Fortpflanzung und das Überleben der eigenen Art
- ein Recht darauf, nicht gentechnisch verändert zu werden
- ein Recht auf respektvolle Forschung und Entwicklung

Die Gartendisco

»Pflanzen sind keine Sachen. Sie sollen nicht beliebig instrumentalisiert und kontrolliert werden«, folgern die Forscherkollegen in den Rheinauer Thesen und fordern ein Recht auf Fortpflanzung und Eigenständigkeit: Pflanzen sollen nicht patentiert, zu wirtschaftlichen Zwecken steril gemacht oder genetisch verändert werden. Bereits im Jahr 1848 hat der deutsche Forscher Gustav Theodor Fechner herausgefunden, dass Pflanzen zwar kein Nervensystem haben wie Menschen oder Tiere, aber sehr wohl Emotionen emp-

finden und Töne hören. 1973 erschien dann das Buch »The Secret Life of Plants«, in dem die Autoren Peter Tompkins und Christopher Bird darlegten, dass Pflanzen andere Lebewesen bewusst wahrnehmen. Sie behaupteten, dass Pflanzen Musik hören und sogar Gedanken lesen können, jedoch wurden sie von der Wissenschaft nicht weiter ernst genommen.

Im 20. Jahrhundert wurde vermehrt Musik eingesetzt, um das Wachstum von Kulturpflanzen zu fördern oder aber um die

Wirkung von Herbiziden zu verstärken. Insbesondere wurde durch Beschallung die Wirkung von Blattnahrung verstärkt. Offenbar öffnen die Pflanzen ihre Spaltöffnungen, wenn sie schöne Musik hören, und nehmen so auf die Blätter gespritzte Nährstoffe besser auf. In ihrem Buch »The Sound of Music and Plants« erklärte die Forscherin Dorothy Retallack in den 1970er-Jahren, warum das funktioniert. Sie goss Wasser in Becher und beschallte es mit verschiedener Musik. Dabei fand sie heraus, dass das Wasser rascher verdunstete, wenn es mit lauter Rockmusik beschallt wurde, und dass es weniger rasch verdunstete wenn es mit lieblichen Klängen beschallt worden war. Sie legte dar, wie die Schwingungen der Musik die Wasseroberfläche unterschiedlich aufwühlten, und je größer die Oberfläche ist, desto mehr Wasser verdunstet. Daraus folgerte sie, dass Schall auch auf den Feuchtigkeitshaushalt der Pflanzen einen Einfluss haben müsse. Es folgten diverse Studien zu dem Thema, deren Ergebnisse aber nicht durchweg schlüssig waren. Möglicherweise schließen Pflanzen ihre Spaltöffnungen, wenn heftiger Wind bläst, um nicht allzu viel Wasser zu verlieren. Und es würde Sinn machen, dass sie dann auf Schallwellen, die sie an Wind erinnern, ähnlich reagieren. Und möglicherweise öffnen sie auch ihre Spaltöffnungen, wenn ihnen eine Musik »gefällt«. Bis jetzt weiß man erst, dass sie auf Musik und auch Stimmen gewiss reagieren, wie und warum genau, ist unklar. Aber mit Pflanzen zu sprechen ist bestimmt nicht verkehrt oder gar verrückt, und außerdem ist es manchmal ganz angenehm, mit einem Wesen zu reden, das einem nicht gleich widerspricht.

Bedingungslose Liebe

Ich bin sicher, dass Pflanzen spüren, wenn wir sie liebevoll berühren. Immer wieder streiche ich über den Stamm meines Feigenbaums, den ich über alles liebe. Ich kann es nicht lassen, seine

Bild unten: In einem kleinen Balkonkasten wachsen Bidens, Nelken, Lavendel und Stevia rebaudiana.

glatte Rinde anzufassen, und ja, natürlich rede ich mit meinem Feigenbaum, so wie ich mit meinem Kater rede oder mit einem lieben vertrauten Freund. Irgendwann habe ich damit angefangen, ein lautes »Hallo zusammen!« in die Runde zu rufen, wenn ich im Seegärtchen das Tor aufschließe. Lustigerweise macht das nun auch der Fotograf, wenn er in mein Gärtchen kommt. Anfangs lachte er noch dabei, aber inzwischen ist es ein ganz normales Ritual, dass wir die Pflanzen begrüßen und uns auch von ihnen verabschieden, wenn wir das Tor wieder schließen. Ich mache das immer, wenn ich ins Gärtchen gehe, dann fühlt es sich ein bisschen an wie beim Betreten einer Kirche, wo ich mich selbstverständlich bekreuzige, obwohl ich schon lange nicht mehr an die katholischen Rituale glaube.

Botanik der Begierde

Der Feigenbaum, so viel ist sicher, erwidert meine Liebe, er erwidert sie bedingungslos, seit ich ihn letzten Winter vor den Bibern gerettet und ihm einen Rock aus Draht angezogen habe. Er erwi-

dert meine Liebe sicher auch, weil ich seine Äste vernünftig geschnitten und ihn gerade gerichtet habe, und ganz sicher liebt er mich dafür, dass ich ihm an heißen Sommertagen jeweils einen Eimer Seewasser auf die Füße kippe. Und seine Liebe ist gütig und großzügig. Nachmittags spendet er uns Schatten, und vor allem belohnt er uns mit seinen süßen Früchten. Ich staune selbst darüber, wie großzügig Pflanzen auf ein wenig Zuwendung reagieren, wie sehr sie uns dafür danken. Ja, ein bisschen ist es mit den Pflanzen eben wohl doch wie mit den Katzen, den Hunden oder den Pferden. Man könnte es so sehen, dass der Mensch sich die Haustiere untertan gemacht hat; aber ich glaube, es ist genau umgekehrt. Die Haustiere haben sich die Menschen ausgesucht, damit diese für sie sorgen. Und genauso dürfte es sich mit

Bild unten: Sie wollen freundlich behandelt werden: Hornveilchen und eine junge Zaunrübe (Bryonia).

den Kulturpflanzen verhalten. In »Die Botanik der Begierde« fragt Michael Pollan, wie gewisse Pflanzen es schaffen, uns Menschen so in Dienst zu nehmen, dass wir sie kultivieren und ihr Erbgut verbreiten helfen. Er untersuchte die Koevolution von Menschen und Pflanzen und erkannte darin ein gegenseitiges Geben und Nehmen, von dem im Idealfall beide Seiten profitieren. Er kommt zu dem Schluss, dass bestimmte Pflanzen und Tiere in Wirklichkeit uns Menschen domestiziert haben, eine raffinierte evolutionäre Strategie, um ihre eigenen Interessen durchzusetzen. Mais oder Weizen hätten die Menschen dazu gebracht, ganze Wälder abzuholzen, um ihnen Platz zu schaffen. Dank der Hilfe der Menschen, die glaubten, nur ihre eigenen Interessen zu verfolgen, waren Mais und Weizen in der Evolution äußerst erfolgreich.

Hegen und pflegen

Wenn wir unsere Pflanzen schon in Töpfen halten und an Standorten ziehen, die vielleicht nicht ihrer Natur entsprechen, oder sie arg beschneiden, damit sie uns nicht über den Kopf wachsen,

wenn wir sie schon nach unseren Bedürfnissen formen und manipulieren, ihre Früchte oder die ganzen Pflanzen essen, noch bevor sie Samen bilden und sich vermehren konnten, dann sind wir auch verantwortlich für sie. Das Mindeste ist, nett und respektvoll zu sein und sie so gut wie möglich zu behandeln, ja, das sind wir ihnen schuldig. Man kann es nicht genug betonen: Pflanzen reagieren sehr wohl auf liebevolle Zuwendung. Wer mit ihnen reden will, soll das ruhig tun, das ist überhaupt nicht verrückt. Schließlich sind Pflanzen Lebewesen und nicht irgendwelche Wegwerfartikel. Und wenn sie dann doch entsorgt werden müssen, weil sie krank sind oder sonstwie das Ende ihrer Pracht erreicht haben, dann halt in Gottes Namen und lieber gleich weg damit, ein gnädiger Tod ist allemal besser, als die Pflanzen langsam verkümmern zu lassen.

Insbesondere Sommerblumen in Balkonkästen, Kistchen und anderen Gefäßen reagieren sehr gut auf regelmäßige Pflege. Es

1

2

reicht schon, jeden Tag eine kurze Runde zu machen, alles Verblühte auszubrechen und wegzuschneiden und regelmäßig zu gießen und zu düngen. Wie viel man genau gießen muss, lässt sich nicht einfach so sagen. Je mehr Blumen in einem Kistchen gedeihen und je weniger Erde die einzelnen Pflanzen also zur Verfügung haben, desto mehr Wasser und Nahrung brauchen sie. An einem heißen Standort ist es manchmal nötig, am Morgen und am Abend zu gießen. Im Zweifelsfall mit dem Finger in die Erde bohren und überprüfen, ob das Substrat wirklich feucht ist.

Von nichts kommt nichts

Rosen und Stauden haben die Möglichkeit, tiefe Wurzeln zu bilden und selbst nach Nahrung zu suchen. Aber auch sie müssen spätestens nach ein paar Jahren gedüngt werden. Wenn Blumenbeete langfristig Freude machen sollen, dann brauchen sie unbedingt zusätzliche Nahrung. Denn alles, was in Form von Verblühtem weggeschnitten und entfernt wird, muss letztlich irgendwie ersetzt werden. Die pauschale Verteufelung von Dünger ist ein Missverständnis, dem auch viele Biofreaks erliegen. Alle Pflanzen brauchen Nahrung, auch im Biogarten. Idealerweise macht man das im Naturgarten so, dass alle organischen Abfälle kompostiert und dann dem Boden zurückgegeben werden. Töpfe und Balkonkästen sind aber im Allgemeinen zu klein, als dass sich ein natürlicher Kreislauf bilden könnte, und darum ist es meist besser und vor allem einfacher, sie regelmäßig mit gekauftem Dünger zu versorgen. Gelegentlich werde ich gefragt, ob man Gemüse und Kräuter mit Universaldünger düngen dürfe. Meiner Meinung nach ja. Das Gemüse, das man im Laden kauft oder im Restaurant isst, wird schließlich auch gedüngt.

Ein bisschen Botanik

Wieso soll man Verblühtes ausschneiden? Sicher, es sieht besser aus Balkonkästen und auch die Gartenbeete wirken viel frischer und gepflegter, wenn alles herausgeputzt wird. Aber der eigentliche Grund für diese Arbeit liegt in der Natur der Pflanzen begründet. Pflanzen blühen nicht uns zuliebe, sondern weil sie Samen bilden und sich vermehren wollen. Wenn wir Verblühtes gleich wegnehmen und sie daran hindern, Samen zu bilden, dann fangen sie noch einmal von vorn an und bilden neue Blüten. Und wenn wir die wieder entfernen, fangen sie wieder von vorn an, und so weiter, bis im Herbst der Frost dem Schauspiel ein Ende bereitet. Pflanzen brauchen für diesen Kraftakt mehr Nahrung. In freier Natur würden sie nur einmal blühen, dann Samen bilden und eingehen. Das Prinzip gilt insbesondere auch für die mehrmals blühenden Rosensorten. Sind einmal Hagebutten dran, dann betrachten sie ihre Aufgabe als erfüllt und machen sich gewiss nicht die Mühe, noch einmal von vorn anzufangen mit Blühen. Ja, aus der Sicht der Pflanze ist das ein bisschen gemein, ihnen immer wieder die Blüten wegzunehmen, bevor sie Samen bilden und sich vermehren können. Aber ein Garten ist eben nicht die freie Natur. Wir züchten die Pflanzen ja gezielt und ziehen sie, damit sie uns nützen und erfreuen, und behandeln sie entsprechend. Ich finde einfach, wir sollten uns dessen bewusst sein. Manchmal stehe ich vor meinen Geranien und Petunien, streiche über ihre Blätter und sage ihnen »Merci vielmals« für die große Anstrengung, die sie den ganzen Sommer erbringen.

Bild 1: In einer löchrigen alten Gießkanne wächst eine immergrüne Schleifenblume (Iberis sempervirens).
Bild 2: Hier ist Pflege angesagt: Ein kleines Foliengewächshaus voll mit Sommerflor für die Saison.
Bild 3: Leben und leben lassen – große Lilien und Stockrosen.

»Befreien wir endlich die Rosen – und uns selbst! – von der ständigen Giftspritzerei!«

FREIHEIT FÜR DIE PFLANZEN

Ich hege diverse Pflanzen in Töpfen und Kistchen. Manchmal habe ich ein schlechtes Gewissen dabei, sie derart einzusperren. Sollte man die Pelargonien nicht eher befreien aus den Eternitkistchen, so wie Tierschützer nachts Versuchstiere heimlich aus ihren Käfigen freilassen? Nur wohin mit den befreiten Pelargonien? Zurück nach Südafrika, wo sie ursprünglich herkamen? Einfach im Wald freilassen ist keine Option, da würden sie spätestens im Herbst erfrieren, wenn sie nicht vorher von Tieren gefressen würden. In der freien Natur gäbe es sie erst gar nicht, genauso wenig wie all die anderen prächtigen Balkonblumen, die fantastischen dauerblühenden Kübelpflanzen, die faustgroßen süßen Tomaten und die immertragenden Erdbeeren. Sie alle wurden von Menschen gezüchtet, um sie zu erfreuen, um uns zu nähren, um unseren Hunger zu stillen und unsere Sinne zu befriedigen. Also behalte ich sie lieber und freue mich daran. Und sorge dafür, dass es ihnen möglichst gut geht. Ich gebe ihnen ordentlich große Töpfe, genug Wasser, Dünger, ein sonniges Plätzchen und möglichst gute Pflanzerde.

Eingesperrte Wurzeln

Wenn Pflanzen längere Zeit in Töpfen wachsen, wird es eng. Die Wurzeln hören nicht auf zu wachsen, wenn sie die Wand berühren. Sie wachsen dann im Kreis herum weiter. Oft hat man nach einigen Jahren wahre Wurzelknäuel in den Töpfen, und die Pflanze droht sich selbst zu ersticken. Spätestens dann heißt es umtopfen. Die Wurzeln müssen dazu richtiggehend auseinandergerissen und entknäuelt werden. Was zu viel ist, schneide ich weg. Wie in der Bonsaikunst, kann man bei Kübelpflanzen nicht nur die Äste,

sondern in gleichem Maße auch die Wurzeln beschneiden. Das regt die Wachstumshormone der Pflanze an und verjüngt sie. Falls in den Wurzelballen Schädlinge vorhanden sind, werden diese sorgfältig entfernt. Manchmal wasche ich Wurzelballen auch aus, um Probleme loszuwerden. Das schadet der Pflanze nicht, wenn man nur sorgfältig vorgeht. Die sauberen, entwirrten und zurückgeschnittenen Wurzelballen kommen dann zurück in den Topf, wobei ich stets frisches Substrat beigebe. Selbstverständlich

Bild links: Der Rambler 'Paul's Himalayan Musk Rambler' klettert in die alten Bäume.
Bild rechts: Vor dem Pflanzen von Montbretien die verknäuelten Wurzelballen immer gut lockern.

müssen frisch umgetopfte Pflanzen sehr gut gewässert werden. Bei warmem Wetter stelle ich sie die ersten Tage auch noch an den Schatten, damit sie sich etwas erholen und ausruhen können. Nach der Verjüngungskur fühlen sich die Pflanzen wieder wohl in ihrer Haut und können mit neuer Kraft und so frei wie möglich weiterwachsen.

Willkommene Überraschungsgäste

Neulich hat sich eine kleine Nachtkerze zwischen die Polsternelken geschlichen. Ich war mir erst gar nicht sicher, worum es sich dabei handelte, da die Blätter sich in etwas untypischer Weise zwischen dem Laub der Nelke hindurchgequetscht hatten, um ans Licht zu kommen. Wie schön, als sie dann blühte; nun war ich froh, dass ich sie nicht gejätet hatte. Und im Kräuterbeet ist plötzlich eine Stockrose aufgetaucht und hat mit ihren tellergroßen Blättern den griechischen Bergtee verdrängt, noch bevor ich einschreiten konnte. Nun gut, wenn sie sich schon dermaßen behauptete, dann wollte ich doch mal sehen, wie das wirkte, so ein blühender Riese mitten in den mediterranen Kräutern. Und

falls sie doch gar zu viel Platz in Anspruch nehmen würde, könnte ich sie später immer noch entfernen.

Ich mag Pflanzen, die von selbst auftauchen, Vagabunden im Garten, die sich ihren eigenen Platz suchen. Etliche dieser sich selbst aussäenden Kandidaten habe ich absichtlich in den Garten geholt, wie die Rote Melde (Atriplex hortensis) oder den Baumspinat (Chenopodium giganteum 'Magenta Spree'). Baumspinat ist unglaublich anspruchslos, er wird locker mannshoch und versamt sich fleißig. Auch Borretsch, Akeleien, Kosmeen, Löwenmäulchen, Hornveilchen, Lunaria und Spornblumen lasse ich gewähren. Neulich hat sich eine Nachbarin beschwert wegen meiner Eselsdisteln. Die würden ja überall ihre Samen verstreuen. Genau, hab ich gesagt, dafür sind sie doch da! Ebenso wie die Stockrosen und die Karden und die Nachtkerzen. Kinderlein, mehret euch, bei mir dürft ihr euch ausbreiten. Und was zu viel ist und im Weg steht, kann ich dann immer noch ausreißen.

Freiheit für die Rosen

Rosen haben bei vielen Gärtnern einen schlechten Ruf. Gärtner denken an Läuse, Mehltau und Sternruß, sie denken, dass man Rosen ständig spritzen müsse. Und wie dann erst schneiden!? Also sagen sich gerade Anfänger: Besser Finger weg. Den Ruf, schwierig zu sein, verdanken sie dabei den Edelrosen, die man im letzten Jahrhundert in Monokulturen verhätschelte und um die sich eine regelrechte Kultur des Besserwissertums entwickelt hat, die bis heute in manchen Rosenvereinen hochgehalten wird. Das ist aber nicht sehr zeitgemäß. Im 21. Jahrhundert werden Rosen anders gezogen, und vor allem werden andere Rosen gezogen. Befreien wir endlich die Rosen – und uns selbst – von der ständigen Giftspritzerei. Entweder kommt eine Rose allein zurecht oder sie soll es bleiben lassen. Diejenigen Sorten, die regelmäßig von Rost, Sternrußtau oder Mehltau befallen werden, ersetze ich durch resistente neue Züchtungen oder durch Stauden. Inzwischen gibt es reichlich gesunde Rosenneuheiten, die nicht gespritzt werden müssen. Und es gibt auch Klassiker, die sich immer noch bewähren, wie zum Beispiel 'Westerland', 'Bonica 82' oder 'Nevada', die extrem winterhart ist. 'Schneewittchen' zählt ebenfalls zu diesen beliebten Klassikern, obwohl sie ihr Laub manchmal etwas früh fallen lassen.

Rambler wie 'Kew Rambler', 'Rambling Rector', 'Veilchenblau' oder 'Paul's Himalayan Musk' werden weder gespritzt noch geschnitten, und dennoch wachsen ihre Ranken bis zu zehn Meter hoch. Eine kleine, sehnsüchtig erwartete züchterische Sensation ist übrigens ein weißer Rambler, der mehrmals und üppig blüht. Das Wunder-

*Bild 1: **Stockrosen** (Alcea rosea) *tauchen gern von selbst auf.*
*Bild 2: **Jungfern im Grünen** (Nigella damascena) *versamen sich auch leicht.*
*Bild 3: **Einmal Akeleien, immer Akeleien:** sie vermehren sich sehr fleißig und überraschen uns jedes Jahr wieder.*

SABINES TIPP

Wurzelechte alte Rosen lassen sich leicht selber vermehren. Gegen Ende des Sommer schneide ich dreißig Zentimeter lange, diesjährige Triebe, die nicht geblüht haben. Ich entferne die Blätter und stecke sie zur Hälfte in die Erde. Gut andrücken und stets feucht halten. Mit ein wenig Glück wurzelt etwa die Hälfte dieser Stecklinge bis zum Herbst.

kind heißt 'Guirlande d'Amour' und ist mit der 'Ghislaine de Féligonde' verwandt.

Rosen frei wachsen lassen

Die Rosen befreien heißt aber auch, sie frei wachsen lassen. Das geht natürlich bei herkömmlichen Edelrosen oder Beetrosen nicht, die ja stark geschnitten werden müssen, damit sie überhaupt blühen. Bei anderen Rosen aber kommt man mit wenig Schneiden auch zurecht, wenn man nur das Nötigste, also Verblühtes, kranke Triebe und eventuell Zweige, die im Weg sind, wegschneidet. Gerade bei vielen alten Sorten und den beliebten englischen Züchtungen von David Austin funktioniert das sehr gut, wenn man sie größer werden lässt. Viele Strauchrosen lassen sich auch als Kletterer verwenden, dann müssen sie viel weniger geschnitten werden. 'Graham Thomas', 'Lady Emma Hamilton' oder 'Sharifa Asma' habe ich schon als über zwei Meter hohe Büsche gesehen, in voller Blüte ein zauberhafter Anblick. 'Constance Spry', die erste englische Rose, wächst bei mir an einer Leiter hoch, ich lasse sie einfach ziehen, sie ist jetzt schon fast drei Meter hoch, und wenn sie blüht, hüllt sie den ganzen Garten in ihr Myrrheparfüm.

Für frei wachsende, blühende Hecken mit verschiedenen Gehölzen eignen sich die alten Sorten *Rosa glauca* oder die Gallica-Züchtung 'Scharlachglut', die auch sehr große, leuchtende Hagebutten bildet. Auch die alte Apothekerrose mit ihren gestreiften Blüten, die *Rosa gallica* 'Versicolor', wächst von allein zu einem stattlichen Strauch heran und kümmert sich um sich selbst. Die meisten Rugosa-Sorten sind ebenfalls robust, ihr recht helles, raues Laub bleibt gesund, und sie haben zum Teil auch wunderbar duftende Blüten, wie beispielsweise die 'Roseraie de l'Hay'.

Bild unten: Die Rose 'The Fairy' wird üppig, wenn man sie wachsen lässt.
Bild rechts: Eine namenlose alte Kletterrose hüllt bald die ganze Fassade in ihr Blütenkleid.

»Die Pflanzen können sich in einer vielfältigen, möglichst natürlichen Umgebung am effizientesten selbst helfen.«

PFLANZEN HELFEN PFLANZEN

Den größten Moment der Befreiung erlebte ich in meinem Gärtnerleben, als ich beschloss, in meinem Garten nicht mehr zu spritzen. Das ist nun schon bald zehn Jahre her, doch erinnere ich mich noch sehr gut, wie ich damals streng nach Anleitung alle zehn Tage Fungizide und Pestizide zusammengemixt habe, um, bewaffnet mit einer Schutzbrille und Handschuhen, meine damals zahlreichen Rosenbüsche mit Gift zu malträtieren. Da ich auf einige der Substanzen sehr allergisch reagierte, stand ich nach jeder Spritzaktion erst einmal eine halbe Stunde unter der Dusche. Die ganze Prozedur war mir zuwider, es fühlte sich absolut nicht richtig an. Aber ich glaubte in meinen Anfängen, man müsse das so machen, da alle sagten, dass es nicht anders gehe.

Ich begann, Bücher über biologischen Gartenbau zu lesen. Ich habe aus Beinwell und Brennnesseln Jauchen angesetzt und meine Pflanzen damit gespritzt. Doch diese selbst gemachten Brühen stanken bestialisch, und damit zu hantieren machte genauso wenig Spaß wie das Spritzen mit chemischen Mitteln. Es war einfach nur widerlich. Und wehe, man kriegte etwas von den Pflanzenjauchen auf die Haut, der Geruch war auch mit noch so viel Seife kaum wegzukriegen. Schließlich beschloss ich, gar nicht mehr zu spritzen: Vöglein, friss oder stirb.

Pflanzen wissen sich zu helfen

Erstaunlich viele meiner Pflanzen kamen ganz gut zurecht ohne die lästige Spritzerei. Ich begann, immer mehr die alten Gartenregeln zu hinterfragen. Ich hörte auf, meine Beete im Winter umzugraben. Stattdessen brachte ich eine Mulchschicht aus Kompost auf. Bald erledigten die Regenwürmer die Arbeit für mich. Der Boden wurde fruchtbarer, es kehrte ein natürliches Gleichgewicht

Bild links: Die Quastenblume (Emilia coccinea 'Scarlet Magic') braucht man nur auszusäen, sie wächst immer und überall problemlos.

SABINES TIPP

Leguminosen wie Erbsen und Bohnen binden mit ihren Wurzeln Stickstoff und helfen damit, die anderen Pflanzen mit Nährstoffen zu versorgen. Ich pflanze darum gerne ein paar Bohnen in die Blumenbeete, und lasse die Wurzeln nach der Ernte im Boden. Nur das Laub wird dann weggeschnitten. Besonders hübsch wirken Feuerbohnen im Hintergrund von größeren Staudenbeeten.

ein. Mich interessierten fortan die größeren Zusammenhänge, mit fragwürdigen Tipps zur Symptombekämpfung von hausgemachten Problemen mochte ich nicht mehr allzu viel Zeit verschwenden. Auch was Schädlinge betrifft, bin ich gelassener geworden. Oft ist es besser, erst einmal abzuwarten. Ein paar Läuse und einzelne Raupen stellen noch lange kein Problem dar. Oft wissen sich die Pflanzen auch selbst zu wehren. Neuere Studien konnten nachweisen, dass von Schädlingen befallene Pflanzen gezielt Duftstoffe aussenden, um die entsprechenden Nützlinge anzulocken! »Pflanzen plaudern unter und über der Erde rege miteinander, und sogar mit Insekten. Sie führen ein aktives Sozialleben«, legt Floriane Köchlin in »Mozart und die List der Hirse« dar. Sie unterhalten vielfältige Beziehungen zu Insekten und Vögeln, zu Pilzen, Bakterien und anderen Mikroorganismen. Eine andere Studie zeigte auf, dass von Mottenschildläusen befallene Tomaten gezielt nützliche Mikroorganismen anlocken, die ihre Abwehrkräfte stärken. Eine andere Studie wies nach, dass Salbei und wilder Tabak miteinander kommunizieren und sich gegenseitig über Probleme verständigen. Ein von Schädlingen befallener Salbei sendete Duftsignale aus, die der wilde Tabak verstehen konnte. Er war so in der Lage, sich auf den Angriff der Schädlinge vorzubereiten, und wurde tatsächlich weniger stark geschädigt als Vergleichspflanzen, die keine Vorwarnung erhalten hatten. Maispflanzen, die von den Larven des Maiswurzelbohrers angefressen werden, senden einen Botenstoff aus, der Nematoden anlockt, welche die Larven der Schädlinge abtöten. Und Reis, der von Schädlingen attackiert wurde, sandte dreißig verschiedene Duftstoffe aus, um die natürlichen Feinde des Schädlings anzuziehen! Auch von den Erbsen weiß man inzwischen, dass sie bestimmte Sexualhormone enthalten, die ihre Schädlinge unfruchtbar machen. Clever, diese Erbsen! Pflanzen können sich in einer vielfältigen, möglichst natürlichen Umgebung am effizientesten selbst helfen. Verschmutzte Luft und chemische Stoffe behindern ihre Kommunikation. Vor allem muss der benötigte Nützling sich irgendwo in der Nähe aufhalten können, um die Hilferufe empfangen und gleich herbeieilen zu können. Grundsätzlich muss man also dafür sorgen, dass die Vielfalt möglichst groß ist und dass von allem etwas da ist. Die Natur ist eine einzige große Apotheke, für fast jedes Leiden ist irgendwo ein Gegenmittel vorgesehen.

Einjährige, Stauden und Gemüse mische ich nach Lust und Laune: je bunter, desto besser, insbesondere auch für die Pflanzen. Je größer die Vielfalt ist, desto eher haben sie die Möglichkeit, sich selbst zu helfen und günstige Nützlinge anzulocken, Schädlinge mit ihren Duftstoffen zu verwirren oder auch untereinander Nährstoffe auszutauschen. Ja, Pflanzen helfen einander gegenseitig. Sie bilden Symbiosen, sie sind über Pilzgeflechte im Boden untereinander verbunden und kommunizieren miteinander. Sie wandern, bilden Netzwerke und für sie günstige Gemeinschaften. Aber das können sie nur tun, wenn wir ihnen genügend Freiheit lassen. Und nicht vergessen: Pflanzen wollen wachsen und sich vermehren. Sie scheinen vielleicht hilflos herumzustehen, aber ganz so schutzlos sind sie ihren Feinden eben auch nicht ausgeliefert.

Chemische Kriegsführung

Einige Pflanzen sind so clever, dass sie bei ihren Schädlingen eine regelrechte Geburtenkontrolle durchführen. Wenn Sojabohnen oder Erbsen angefressen werden, dann nehmen die jeweiligen Insekten dabei Hormone auf, die sie unfruchtbar machen. Bei den Erbsen sind diese Hormone so stark, dass sie sogar bei Menschen wirken. Früher haben Frauen Tee aus Erbsenschalen gekocht, um die Empfängnis hinauszuzögern.

Besonders ausgeklügelt ist die Verteidigungsstrategie des Rosenkohls. Sobald ein Kohlweißling seine Eier auf seinen Blättern abgelegt hat, entnimmt der Rosenkohl aus ihnen eine Substanz, mit deren Hilfe er die Oberfläche seiner Blätter verändert und dadurch eine Schlupfwespe anlockt. Diese Schlupfwespe legt ihre Eier mitten in das Eigelege des Kohlweißlings und die schlüpfenden Larven fressen dieses gewissermaßen von innen auf.

Bild links: Erbsen sind clevere Pflanzen. Ihre Blätter enthalten Hormone, die die Schädlinge, unfruchtbar machen. So führen sie bei ihren Feinden eine natürliche Geburtenkontrolle durch.
Bild rechts: Bohnen binden Stickstoff und machen ihn so für andere Pflanzen verfügbar.

»Die meisten unserer Nutzpflanzen kommen von weit her.«

MEHR WILDWUCHS BITTE!

Am besten ist es, Bäume und Sträucher einfach frei wachsen zu lassen. Je weniger man sie schneidet, desto weniger wuchern sie! Je mehr man aber daran herumschnippelt, desto mehr schießen sie ins Kraut – und umso hässlicher werden sie mit der Zeit. Durch unsachgemäßen Schnitt bilden sie lange dünne Jungtriebe, die weit in die Höhe schießen und das Bild des »ordentlichen« Gartens erst recht stören. Wird dann weiter daran herumgeschnippelt, verschlechtert sich die Situation zusehends – ein Teufelskreis, den man gar nicht erst in Gang setzen sollte! Meist entwickeln Gehölze sowieso die schönste, harmonischste Form, wenn sie sich frei entfalten dürfen. Dann sieht ein Birnbaum tatsächlich aus wie ein Birnbaum, und sogar Forsythien oder Weigelien können ganz hübsch sein, wenn sie genug Platz haben, um sich frei entfalten zu können.

Nie geschnitten werden müssen Rhododendren, Azaleen oder Heidelbeeren. Auch Magnolien, Zwergmispeln und einige Schneeballarten schneidet man grundsätzlich nicht. Der österreichische Agrarrebell Sepp Holzer schneidet nicht einmal seine Obstbäume. Er ist überzeugt, dass sie durch den Schnitt nur abhängig vom Menschen werden und dass sie letztlich mehr Ertrag bringen, wenn sie frei wachsen dürfen. Hat man jedoch einmal mit dem Schneiden angefangen, dann muss man immer schneiden, da der Schnitt bei Obstbäumen zu Wasserschossen führt – und diese müssen weg, weil sie dem Baum zu viel Kraft rauben und ihn verunstalten.

Wenn schon, denn schon

Bei den Reben bin ich regelmäßig mit der Schere zugange. Sie müssen ausgegeizt und mehrmals pro Saison ausgelichtet werden, sonst hat man am Ende nur Laub und kaum Trauben. Auch die Hortensien, die an den diesjährigen Trieben blühen, setze ich im Frühling vor dem Austrieb auf kurze Aststummel zurück. So werden sie verjüngt und blühen viel üppiger. Den Schmetterlings-

SABINES TIPP

Wenn etwas geschnitten werden muss, dann achte ich immer darauf, eine gute, scharfe Schere zu verwenden. Kaputte Scheren zerquetschen die Zweige nur – und dann sind sie anfälliger für Krankheiten. Wenn ich kranke Pflanzen zurückschneide, desinfiziere ich die Schere. Besonders bei Rosen verschleppt man sonst schnell Krankheitserreger.

flieder setze ich jedes Jahr nach der Blüte auf den Stock. Wenn der nicht geschnitten wird, vermehrt er sich wie verrückt, außer man hat eine sterile Sorte gewählt, was hier vernünftig ist. Vor allem blüht er ohne Schnitt wie ein Besen irgendwo weit über unseren Köpfen, wo wir die Blüten gar nicht sehen. Auch mit Beetrosen muss man so verfahren und sie jeden Winter tief schneiden. Wer sich mit Rosen nicht so gut auskennt, sollte die Etiketten aufbewahren, um im Zweifelsfall nachschauen zu können, wie die jeweiligen Sorten geschnitten werden müssen. Die Ramblerrosen, aber auch klassische naturnahe Heckenrosen wie *Rosa glauca* oder Gallica-Rosen werden nicht geschnitten. Wie die meisten Ziersträucher kann man sie getrost einfach wachsen lassen. Arg verunstaltete Exemplare setzt man am besten erst einmal auf den Stock oder lichtet sie sehr kräftig aus und lässt sie dann frei wachsen. Was in der Vergangenheit schlecht geschnitten wurde, muss ebenfalls entfernt werden. Wenn das Auf-den-Stock-Setzen nicht klappt oder der Busch dann doch nicht richtig loslegen will, dann ist es besser, gleich einen neuen, jungen Busch zu pflanzen, als sich noch lange mit einem verstümmelten alten Exemplar abzumühen.

Oft hat es sich auch bewährt, von einer verkrüppelten alten Rose oder einem verunstalteten Busch Steckhölzer zu schneiden, und daraus gesunde neue Pflanzen zu ziehen. Wenn diese erst einmal gut angewachsen sind, kann man mit ihnen die Mutterpflanze guten Gewissens ersetzen.

Ältere Büsche und Rosen kann man alle paar Jahre auslichten. Etwa ein Drittel der alten Äste werden dabei ganz entfernt, bevorzugt solche, die nach innen wachsen. Alles, was stört oder im Weg ist, kann bei der Gelegenheit auch herausgeschnitten werden. Und dann lässt man die Büsche wieder in Ruhe. Es gibt nichts Schlimmeres, als ständig an ihnen herumzuschnippeln, damit verunstaltet man mit der Zeit auch die schönste Pflanze.

Bild 1: Nur wegschneiden, was wirklich stört ...
Bild 2: So lieber nicht, liebe Hauswarte! Warum tut ihr das den Büschen an? Außerdem ragen bereits ein paar Wochen wieder die ersten Besenreiser heraus ...
Bild rechts: Je mehr man an Büschen und Bäumen herumschnippelt, desto mehr wachsen sie. Darum ist nichts tun und in Ruhe eine Tasse Tee trinken oft das Beste.

»Fremde Pflanzen wie die Pelargonien sind längst bei uns integriert.«

WENN PFLANZEN GRENZEN ÜBERSCHREITEN

Langsam gewöhnen wir uns an die Multikultigesellschaft, essen seit 40 Jahren selbstverständlich Pizza und seit ca. 30 Jahren Döner-Kebab. Und nun kommt die Idee von der »reinen Lehre« durch die Hintertür wieder zurück, und das ausgerechnet im Garten! Und dann auch noch von links! Naturgartenapostel verkünden, nur noch »einheimische« Pflanzen in ihren Gärten dulden zu wollen. Und was machen wir dann mit den Ausländern in unseren Gärten? Integrieren? Oder sollen wir sie ausweisen? Oder kompostieren? Möchten die Pelargonien denn heim nach Südafrika? Ach, ich glaube, sie haben sich längst und bestens integriert.

Aber ich wurde auch schon gefragt, ob man nun Forsythien und Schmetterlingsflieder ausgraben und vernichten müsse. Nein, das muss man nicht. Jedoch gibt es stimmgewaltige Pflanzenfanatiker, die nach »ethnischen Säuberungsaktionen« im Garten verlangen, um ihre eigene Sicht der Natur durchzusetzen. Aber die »reine« Natur hat es nie gegeben und wird es wohl auch in Zukunft nicht geben. Natur hat sich immer verändert, Pflanzen sind seit Menschengedenken gewandert. Manche erwiesen sich als nützlich, und andere schufen mit der Zeit Probleme. Ich hoffe aber, Tomaten und Kartoffeln dürfen weiter gedeihen, von irgendwas müssen doch auch unsere Naturgartenapostel noch leben!

Multikulti im Garten

Müssten wir nur essen, was ursprünglich in Mitteleuropa gedieh, unser Speisezettel wäre nicht gerade abwechslungsreich. Wir hätten Eicheln, Kastanien, Gräser, Nüsse und Hagebutten, ein paar Pilze sowie wilde Beeren und diverse Blätter von Wildkräutern. Und Gerste, die schon immer weltweit vorkam und die seit über 9000 Jahren kultiviert wird, hätten wir auch noch.

Bild links: Die historische Pelargonie 'Rosebud Appleblossom', sie war schon zur Zeit Queen Victorias äußerst beliebt.

Für die Tiere gärtnern

- Alles, was den Tieren Nektar, Samen und Beeren bietet, ist ökologisch sinnvoll.
- Jeden Monat sollte etwas blühen, damit die Insekten stets Nektar und Pollen finden.
- Unterschiedliche Lebensräume bieten: Unterschlupfe, Nistplätze, Teiche, Wildblumenwiesen.
- Asphaltierte und betonierte Flächen möglichst auf ein Minimum reduzieren.

(nach Helen Bostock, RHS Garden Wisley)

Die meisten unserer heutigen Nutzpflanzen kommen aber von weither. Weizen stammt ursprünglich aus Kleinasien und dem Nahen Osten, Weinreben aus dem westlichen Asien. Äpfel kommen ursprünglich aus Zentralasien und dem Kaukasus, von wo sie entlang der Seidenstraße nach Europa gelangten. Zur gleichen Zeit kamen über die Seidenstraße auch die weißen Maulbeeren nach Europa, die als Futter für die Seidenraupen dienten. Wilder Kohl wuchs ursprünglich entlang den Mittelmeerküsten, bereits die alten Griechen, Römer und Kelten wussten ihn zu schätzen.

Das Mittelalter über herrschte reger Handelsverkehr, und nebst Gewürzen wurden bereits zahlreiche Nutzpflanzen wie Sojabohnen, Orangen oder Zitronen um die halbe Welt transportiert. Der Stichtag für die Unterscheidung von »einheimischen« und »fremden« Pflanzen ist jedoch der 12. Oktober 1492, der Tag, an dem Kolumbus die Bahamas erreichte. Von dieser Reise hat er unter anderem Chili, Tomaten und vor allem die Kartoffeln nach Europa gebracht. Auch den Tabak sowie viele andere Nutzpflanzen »verdanken« wir Kolumbus.

Ausländer raus?!

»Der moderne Garten ist Tummelplatz biotopfremder Pflanzen aus aller Welt geworden«, stellt der Ethnobotaniker Wolf-Dieter Storl fest. In der Tat: Chinakohl aus Ostasien, Tomaten, Kartoffeln und Bohnen aus Südamerika, der Topinambur aus den Steppen Nordamerikas, die Aubergine aus Indien, Okra aus Afrika, von überall kommen sie her, um uns zu ernähren und unseren Speiseplan zu bereichern. Ein Segen, wahrlich. Aber mit der Globalisierung kommen auch zahlreiche neue Probleme in den Garten, mit den exotischen Gemüsen überschreiten auch Schädlinge und Krankheiten die Grenzen: so Feuerbrand, Buchsbaumzünsler, Dickmaulrüssler, Lilienhähnchen – alles importiert! Sosehr wir die neuen Pflanzen meist schätzen, so sehr haben wir nun auch mit diesen Problemen zu kämpfen, aber das ist wohl der Preis der Globalisierung. Tatsächlich sind heute schätzungsweise 80 Prozent unserer Nutzpflanzen Ausländer oder, anders gesagt, **Neophyten**. Das Wort »Neophyt« bedeutet schlicht »neue Pflanze«, womit nichts darüber gesagt ist, ob sie nun in einem bestimmten Zusammenhang nützlich oder schädlich sei. Streng genommen sind dies alle Pflanzen, die nach der Entdeckung Amerikas durch Kolumbus wissentlich oder unwissentlich in Gebiete eingeführt wurden, in denen sie ursprünglich nicht beheimatet waren.

Ungeliebte Neophyten

Seit einigen Jahren sind sie sehr in Verruf geraten, diverse Länder haben bereits schwarze Listen erstellt. Hierbei geht es jedoch nur um die »invasiven Neophyten«, einige wenige Arten, die tatsächlich Probleme verursachen, weil sie einheimische Pflanzen im großen Stil verdrängen, der Landwirtschaft Verluste bescheren und ganze Ökosysteme bedrohen. Zu diesen Pflanzen gehören unter anderem Ambrosia, Japanischer Staudenknöterich, Indisches Springkraut, der Essigbaum und Herkuleskraut. Sie dürfen unter keinen Umständen verbreitet und auch nicht im Garten angepflanzt werden. Viele Pflanzen sind jedoch nur in bestimmten Bereichen problematisch, und man findet daher inzwischen auf den Listen über Neophyten alle möglichen in den meisten Situationen gute und nützliche Gartenpflanzen. Und wir dürfen nicht vergessen, dass auch manche durch und durch »einheimische«

Pflanzen Probleme bereiten können, denken wir nur an Brombeeren, Brennnesseln oder auch Holundersträucher, die sich genauso leicht verbreiten wie der »ausländische« Schmetterlingsflieder.

Hauptsache Vielfalt

In einer Studie hat die englische Ökologin Jennifer Owen während 30 Jahren das Wildleben in ihrem Garten untersucht. Sie hatte bewusst nicht nur einheimische Pflanzen gesetzt, sondern eine Mischung aus allen gängigen Blütenpflanzen, wie man sie in durchschnittlichen Gärten findet. Tatsächlich konnte sie in ihrem Garten im Lauf der Jahre Tausende verschiedener Insektenarten nachweisen! Und sie stellte fest, dass Bienen, Schmetterlinge & Co. keinen Unterschied machen zwischen einheimischen und ausländischen Pflanzen. Die Forscherin schloss daraus, dass wir unsere Gärten möglichst vielfältig bepflanzen sollen. »Wenn man ein perfektes Biotop für Insekten gestalten möchte, dann würde das aussehen wie ein gewöhnlicher Garten«, folgerte sie daraus. Wichtig sei, dass stets etwas blühe und dass man möglichst viele verschiedene Arten von Blumen ziehe, um die Bedürfnisse einer großen Zahl von Insekten zu befriedigen. Und Andrew Salisbury, Senior – Entomologist des RHS-Gartens in Wisley, sagt: »Es gibt keine strikten Regeln, um einen Garten naturfreundlicher zu machen, außer dass man auf Gift verzichtet. Auf keinen Fall muss man einen Teil verwildern lassen oder sich auf einheimische Pflanzen beschränken, das wäre kontraproduktiv.« Er empfiehlt, sich mit den Nachbarn abzusprechen, damit nicht alle dieselben Bäume und Büsche pflanzen, je mehr Vielfalt, um so besser.

Über den Kopf gewachsen

Ich mag fast alles, was wächst und wuchert. Doch bei manchen Gewächsen bin ich dann doch vorsichtig. Neulich hat mir eine Dame nach einer Lesung einen Umschlag mit selbst gesammelten Samen zugesteckt, sie war ganz stolz darauf und überzeugt, etwas Gutes zu tun. Leider wusste sie den Namen der Pflanze nicht, versicherte mir aber, sie werde riesengroß, und streckte ihre Hände zur Decke, so groß, und sie blühe wunderschön, fußballgroße weiße Kugeln, sagte sie. Und Blätter wie die Hände eines Riesen, ein spektakulärer Anblick. Ich bedankte mich artig und wies sie darauf hin, dass sie solche Samen nicht in Umlauf bringen darf. Das Brieflein nahm ich vorsorglich mit und entsorgte es im Müll. Ihrer Beschreibung nach musste es sich um den Riesenbärenklau handeln; er ist giftig und gefährlich, da sein Saft in Verbindung mit Sonnenlicht zu starken Verbrennungen führt.

Exotische Schönheiten

Bild 1: Die exotische Kübelpflanze Löwenohr (Leonotis) stammt aus dem tropischen bis südlichen Afrika.

Bild 2: Kaiserkronen (Fritillaria imperialis) sind in der Türkei, im Iran und Irak, in Afghanistan und Pakistan zu Hause.

Bild 3: Tulpen kommen ursprünglich aus der Türkei, Nordafrika und Asien.

Im Allgemeinen braucht man jedoch keine Angst zu haben vor Pflanzen, und das meiste, was so munter daherwuchert und in den Himmel wächst, macht ja auch Spaß. Drei Meter hohe Sonnenblumen zum Beispiel, Karden *(Dipsacum fullonum)* oder die Silbergraue Eselsdistel *(Onopordum acanthium)* – was für ein prächtiger Anblick! Oder die gigantische Becherpflanze *(Silphium perfoliatum)*. Für Aufsehen sorgen auch Riesenstauden wie die große Wiesenraute *(Thalictrum dalavyi* 'Album'*)* mit ihrem meterhohen, filigranen Laub und den zarten Blüten. Einen stattlichen Eindruck hinterlassen Alant *(Inula)*, Ligularien *(Ligularia dentata* 'Desdemona'*)* und der Wasserdost *(Eupatorium perfoliatum)*, die sich an nicht zu trockenen Standorten auch im Halbschatten wohlfühlen. An einem sonnigen, trockeneren Standort ist der Riesenschuppenkopf *(Cephalaria gigantea)*, eine Riesenskabiose mit zitronengelben Blüten, ein spektakulärer Hingucker.

Etwas vorsichtiger bin ich allerdings mit Topinambur. Er gehört in eine abgelegene Gartenecke, und im Herbst grabe ich alle bis auf zwei, drei Knollen aus, sie schmecken hervorragend. Das meiste,

was mir in meinem Garten über den Kopf wächst, wandert eh in den Kochtopf. Zuoberst auf dem Speisezettel stehen: Giersch (Baumtropf), Rote Melde und Borretsch. Alle drei koche ich wie Spinat, so ist dem Unkraut ganz gut beizukommen. Unkraut? Natürlich habe ich die Melde und den Borretsch selbst ausgesät, und einige Pflanzen lasse ich auch jedes Jahr stehen, damit sie sich versamen. Das ist alles eine Frage des Gleichgewichts. Und was zu viel ist, wandert in die Pfanne.

Bild unten links: Die Eselsdistel (Onopordum acanthium) *ziert das schottische Wappen. Sie ist in Europa beheimatet und versamt sich gerne.*
Bild unten rechts: Das indische Springkraut (Impatiens glandulifera) *kam ursprünglich als Zierpflanze in die Gärten, ist aber inzwischen zu einer Plage geworden.*
Bild rechts: Der Schmetterlingsflieder (Buddleja davidii) *wächst wie verrückt, also keine Hemmungen beim Rückschnitt.*

GÄRTNERN BEFREIT UNS

Statt immer nur zu fragen, was wir für den Garten tun müssen — fragen wir doch lieber auch mal, was der Garten eigentlich für uns tut! Tatsächlich haben Gärten in vielerlei Hinsicht die Kraft, uns zu helfen.

»Jede im Garten
verbrachte Stunde
ist eine gewonnene
Stunde.«

ICH GÄRTNERE, ALSO BIN ICH

Wir Gartenmenschen reden immer darüber, was wir alles für den Garten tun müssen: jäten, gießen, düngen, Rasen mähen, hier und dort schneiden, säen, vermehren, umpflanzen. Oft ist es die reinste Hektik, dass einem schon vom Zuhören schwindlig werden könnte. Aber kehren wir den Spieß einmal um und fragen: Was tut eigentlich der Garten für uns? Geben uns die Pflanzen etwas zurück für die geleistete Mühe, und wenn ja, was geben sie uns?

Die Antworten fallen bestimmt individuell aus. In meinem Fall ist es ein großes JA, sie geben uns sogar viel mehr zurück, als wir ihnen jemals geben können! Jede im Garten verbrachte Stunde ist eine gewonnene Stunde. Denn es ist eine Stunde, in der ich gelebt und gelernt habe. Meine bisherigen Gärten waren meine besten Lehrmeister. Von meinen Gärten habe ich gelernt, von den Pflanzen habe ich gelernt und ich lerne immer weiter.

SABINES TIPP

Terra preta

Passt der Boden, erspart man sich nachher jede Menge Arbeit! Genial sind Produkte, die auf »Terra preta« basieren, der Wundererde der Indios. Diese stellen aus organischen Abfällen, Holzkohle und Mikroorganismen einen äußerst fruchtbaren Humus her.

Weise Überlebenskünstler

Von den Pflanzen lernen wir zurechtzukommen, da, wo wir gerade sind. Pflanzen können nicht einfach davonlaufen, wenn ihnen etwas missfällt. Und es braucht meist ziemlich viel, bis sie aufgeben. Pflanzen sind zähe Überlebenskünstler. Sie harren aus, finden sich zurecht und versuchen sich zu vermehren. Und nebenbei blühen sie dabei eben auch und bilden Früchte. Sie geben, verzeihen und wachsen weiter, als ob nichts gewesen wäre.

Im Garten haben wir nie ausgelernt. Der englische »Plantfinder« listet über 70 000 Kulturpflanzen. Einige davon sind wahre Herausforderungen, aber die meisten bringt man mit vernünftigem Aufwand zum Gedeihen. Ich habe nie nachgezählt, wie viele Pflanzen ich kenne, einige tausend sind es bestimmt, aber natürlich ist auch mein Wissen bruchstückhaft und wird es wohl in diesem Leben immer bleiben – was mich aber nicht weiter beunruhigt. Manches interessiert mich eben mehr, anderes weniger, und den Rest überlasse ich dann auch gern denen, die darüber mehr

wissen als ich. Seltene Orchideen beispielsweise sind nicht mein Spezialgebiet, und Kakteen auch nicht, davon habe ich keine Ahnung. Und ich werde niemals jede Rosensorte kennen, es sind einfach zu viele. Aber dafür gibt es schließlich die Fachliteratur, Gartenfreunde und das Internet.

Immer mit der Ruhe!

Gärtnern hat mich Gelassenheit gelehrt. Ich habe gelernt zu akzeptieren, dass ich nie alles wissen, dass ich nie alles verstehen werde. Und ich habe gelernt, das zu genießen, was da ist. Ja, vor allem das haben mich meine Gärten gelehrt: genießen, was ist. Im Moment leben. Ernten, was reif ist, essen, was zur Verfügung steht. Ob ich nun den genauen botanischen Namen kenne oder nicht. Mit dem Hier und Jetzt zufrieden sein, glücklich sein über das, was ich weiß, und nicht verzweifeln an dem, was ich nicht weiß. Eins sein mit den Jahreszeiten und den Pflanzen und den Tieren, die bei mir gedeihen und leben wollen, das lerne ich jeden Tag aufs Neue.

Gärtnern meint leben

Nach den Pflanzen schaue ich immer ein bisschen, jeden Tag mache ich meine Runden, schaue hier und dort kurz nach dem Rechten. Das empfinde ich nicht als Arbeit, es fühlt sich vielmehr an wie Atmen, wie Essen und Trinken, der Garten gehört zum Leben dazu, wie die Kinder oder wie ein weiteres Haustier. Selbstverständlich schaut man, dass es allen gut geht, die da sind. Und dazu gehören auch die Pflanzen. Alles, was da ist, ist mein Leben, nicht mehr und nicht weniger. Und alles, was ich nicht habe oder nicht mehr habe, soll auch nicht mehr mein Problem sein. Auch ich habe ein paar Beete und Töpfe. Und daraus versuche ich das Beste zu machen und jeden Moment zu genießen, so wie er ist.

Und zwar nicht gestern, auch nicht morgen, sondern einzig im Jetzt, in diesem Moment. Ich gärtnere, also bin ich.

Ein klein wenig habe ich auch gelernt zu akzeptieren, dass manche Träume unerreichbar bleiben, nun ja, an dieser Einsicht arbeite ich noch. Manchmal wünsche ich mir auch in meinem Gärtchen, alles wäre anders. Und träume von einem schattigen Garten voller blühender, duftender Azaleen und seltener Krummstäbe (*Arisarum*) und von einem sanft plätschernden Wasserfall.

Aber meistens bin ich zufrieden mit dem eher mediterranen Miniaturparadies, das ich mir nun am Bieler See geschaffen habe. Wir können den gegebenen Garten oder die vorhandene Terrasse nicht größer machen. Wir können die Jahreszeiten, das Wetter und das Klima nicht ändern, und auch das Mikroklima in einem Garten lässt sich nur beschränkt manipulieren. Ich habe sogar verstärkt, was vorhanden ist. Habe Lava und Bimsstein in die Erde gemischt, damit sie sich auch im Winter um einige Grad erwärmt.

Und freue mich über meine Brennenden Büsche *(Diptam)*, die Glyzinen, die Mittelmeerkräuter und die reiche Ernte, die mir mein Feigenbaum jeden Sommer schenkt. In seinem Schatten komme ich zur Ruhe, hier kann ich nachdenken, auf neue Ideen kommen und Energie tanken.

Pflanzen als Spiegel der Seele

Eine alte Gärtnerweisheit sagt, dass die Pflanzen zu einem kommen, die man gerade benötigt. Bei mir sind es Nachtkerzen und Schöllkraut. Und Schlafmohn. Hanf wächst hier auch ganz gut, aber der wächst überall, daraus sollte man wohl nicht Bedürfnisse ableiten. Außerdem wachsen bei mir in Biel Stechpalmen und Holunder, aber die versamen aus Nachbars Garten oder werden von Vögeln verbreitet. Und Haselsträucher und kleine Eichen tauchen auch auf, die gewiss die Eichhörnchen aus dem nahen Wald gebracht haben, wenn sie hier ihre Vorräte vergraben. In meinem Seegärtchen kämpfe ich mit den mehrjährigen Wicken, Winden und den Zaunrüben. Kurzum, aus meinem Unkraut lassen sich

keine vernünftigen Schlüsse ziehen. Ich zupfe aus, was mir zu viel wird. Ob eine Pflanze ein Unkraut ist oder nicht, ist stets Ermessensfrage. Schöllkraut zum Beispiel sieht ganz nett aus. Aber ich bin allergisch auf seinen orangefarbenen Saft. Vom Schlafmohn lasse ich die schönsten Exemplare stehen und Samen bilden; die kleinen oder diejenigen, die in einem schmutzigen gräulichen Rosa geblüht haben, entferne ich jedoch. Und mit den sich selbst aussäenden Bäumen und Sträuchern ist es halt so, dass man am Ende einen Wald hätte, wenn man sie alle wachsen lassen würde. Also müssen sie weg, den Blumen und dem Gemüse zuliebe, das nun einmal Licht und Platz braucht. Alles, was mich nicht stört,

Bild links: Glückliche Stunden in meinem Seegärtchen in Twann.
Bild unten links: Vom Schlafmohn (Papaver somniferum)*, gibt es diverse Sorten, hier die gefranste rote Züchtung 'Purple Peony'.*
Bild unten rechts: Cannabis sativa *muss man ja nicht unbedingt rauchen, aber Hanf sieht einfach sehr dekorativ aus.*

lasse ich aber im Prinzip wachsen. Hornveilchen und Schlafmützchen dürfen auf den Wegen und im Kies blühen, und die Nachtkerzen entferne ich nur dort, wo sie wirklich im Weg stehen.

In glücklichen Gärten gibt es oft ziemlich viel Unkraut. Je freier wir im Geist sind, je zufriedener wir grundsätzlich sind, desto eher können wir das akzeptieren, was ist. Wachsen und wachsen lassen, leben und leben lassen lautet mein Gartenmotto. Zufrieden sein und sich keinen unnötigen Stress machen, das ist wohl das Wichtigste überhaupt, was mich meine Gärten gelehrt haben.

Der Blick ins Grüne

Wichtig ist das Wissen, nicht das Besitzen von Gärten. Ich kann mich auch in einen schönen Park oder in einen Wald setzen, für einen Moment Teil des Ganzen sein. Gärten und schöne Pflanzen kann man auch genießen, wenn sie einem nicht gehören. Oft ist das sogar viel befreiender, einen schönen Garten zu genießen,

um den sich jemand anders kümmert. Auch der Blick in fremdes Grün hilft entspannen. Wenn wir ins Grüne schauen, erholen wir uns von Stress und leiden seltener unter Kopfschmerzen. Die positive Wirkung ist körperlich messbar: Blutdruck und Herzschlagfrequenz sinken, die Muskeln entspannen sich, die Leitfähigkeit der Haut nimmt ab. Unsere Leistungsfähigkeit und die Konzentration steigen, sobald wir eine Pause im Grünen machen. US-Forscher konnten nachweisen, dass Menschen, die im Grünen spazieren gehen, nach zwanzig Minuten erholt und wieder belastbar waren. Die Konzentrationsfähigkeit stieg. Ein Garten gibt uns das unmittelbare Gefühl, dem Alltag entfliehen zu können. So tanken wir in kurzer Zeit neue Kraft.

Der amerikanische Umweltpsychologe Roger Ulrich hat in einer Studie auch belegt, dass frisch operierte Patienten, die vom Krankenbett aus in die Natur schauen, geringere Dosen Schmerzmittel benötigen und früher entlassen werden können als solche, die nur auf eine Mauer blicken. Und eine japanische Studie beweist, dass

Senioren, die nahe ihrer Wohnung in Parks und Alleen spazieren, eine höhere Lebenserwartung haben als ältere Menschen, deren Wohnumfeld kein grünes Erholungsgebiet bot. Eigentlich wissen wir doch sowieso, dass die Natur das beste Lebenselixier ist.

Die Kleinsten werden die Ersten sein

Wie überleben wir Gartenmenschen den Winter, wenn alles grau verhangen oder im besten Fall weiß verschneit ist? Bis Weihnachten kommt man noch über die Runden mit Tannenbäumen, Efeu und Stechpalmen, aber im Januar, Februar wird es dann wirklich hart. Ich frage mich jedes Jahr, wie ich die dunkle Zeit überleben soll, bis die ersten Schneeglöckchen wieder aus dem Boden schauen, tauche ein in Gartenbücher und Saatgutkataloge und träume vom Sommer. Meine Tochter kann sie jeweils auch kaum erwarten, die Schneeglöckchen: Schon Anfang Februar streichen wir jeden Tag durch den Garten, schauen unter Efeu und Zweige,

schieben Schnee und altes Laub beiseite. Schließlich finden wir ein einzelnes winziges Schneeglöckchen, das sich neben dem Hühnerhaus ans Licht wagt, wir knien neben ihm auf den kalten Boden, betrachten es aus der Nähe: eine weiße Spitze nur, die aus der gefrorenen Erde ragt. Meine Tochter redet den ganzen Tag davon, von diesem einen Schneeglöckchen. Am selben Nachmittag finden wir anderswo in der Stadt eine ganze Wiese voller Schneeglöckchen, die schon aufgeblüht sind. Am nächsten Tag, als wir die Eier holen, knien wir wieder neben dem Schneeglöckchen hin, und während ich den Hühnern frisches Wasser bringe, ruft mich meine Tochter, denn sie hat Primeln gefunden, wilde rosarote Primeln, die sich selbst zwischen meinen Stauden ausgesät haben. Nun ist der Frühling in Reichweite, das Leben kann endlich weitergehen.

Bild links: Maiglöckchen bilden mit den Jahren einen dichten Teppich, der die Sinne beruhigt.
Bilder 1 und 2: Schneeglöckchen (links) und Traubenhyazinthen (rechts) erfreuen uns, sobald der Schnee schmilzt.

»Klein anfangen, und dann langsam steigern.«

GARTEN STATT FITNESSSTUDIO

Beim Mist-Schaufeln und Kübel- oder Kompostsack-Schleppen ist viel Kraft gefordert. Auch wer kräftig ist, stößt hier gelegentlich an seine Grenzen. Mein bestes Fitnessprogramm ist das Gießkannen-Schleppen im Seegärtchen. An einem heißen Sommertag braucht jedes Hochbeet gut vier große Kannen voll Wasser, das sind jedes Mal zehn Kilo, die ich aus dem See hebe und hochtrage. Und all die Kistchen und Töpfe mit den Pelargonien wollen ebenfalls gründlich getränkt werden. Ich versuche, diese Arbeit langsam und bewusst auszuführen, so als würde ich im Fitnessstudio Gewichte stemmen. Dabei achte ich immer darauf, die Seite zu wechseln, einmal rechts, einmal links, das schont auch den Rücken. Und dann zehnmal wiederholen, wie im Krafttraining. Gießkannen-Schleppen ist mindestens so effizient wie Liegestütze-Machen! Und vor allem scheint es mir sinnvoller, als einfach nur leere Übungen zu absolvieren. Die Motivation ist auf jeden Fall gegeben. Denn wenn ich schlappmache, dann machen auch bald meine Blumen schlapp. Das ist der Deal, das ist mein absolut verbindliches Fitnessprogramm mit Erfolgsgarantie.

SABINES TIPP

Die meisten Gartenarbeiten erledige ich mit Handschäufelchen. Ich habe ein gutes Dutzend davon, einige mit orangefarbenen Griffen stecken in den Beeten, wo sie immer zur Hand sind, wenn rasch dieses oder jenes erledigt sein will. Die besseren mit den Holzgriffen benutze ich für längere Arbeiten, da sie besser in der Hand liegen.

Out-working

Und wer noch nicht so fit ist, der mache es wie im Fitnessstudio. Dort beginnt man auch mit kleinen Gewichten und steigert dann langsam. Ich würde also anfangs eine etwas kleinere Gießkanne kaufen, gerade so groß, dass man sie noch gut tragen kann. Und wenn man kräftiger wird, kann man sich dann eine größere Gießkanne kaufen. Wer schnell steife Gelenke und Rückenschmerzen bekommt, sollte sich vor der Gartenarbeit auch etwas aufwärmen und lockern, so wie man das beim Sport auch macht.

Noch ein paar Bemerkungen zum Heben von Lasten. Wann immer möglich, hierfür eine Schub- oder Sackkarre verwenden, schwere Töpfe auf Bretter mit Rollen stellen. Falls ein schwerer Gegenstand dennoch gehoben werden muss, stellt man sich direkt davor und geht mit geradem Rücken in die Knie. Dann die Bauchmuskeln anspannen und das Gewicht sorgfältig und mit der ganzen Körperspannung hochheben. Aber keinesfalls über schwere Töpfe bücken oder sich gar schräg darüberbeugen und sie dann anheben, das gibt garantiert einen Hexenschuss. Wenn etwas zu schwer ist, unbedingt Hilfe hinzuziehen. Große Kübel oder Büsche lassen sich zu zweit viel besser verschieben. Praktisch für den Transport sind auch spezielle Tragegurte.

Fliehkraft und Hebelwirkung

Einen größeren Garten umkrempeln ist immer auch eine enorme physische Anstrengung. Blasen an den Händen und Muskelkater gehören ebenfalls dazu. Aber es ist auch sehr befriedigend, am Ende auf die geleistete Arbeit zurückzublicken und sich zu sagen, dass man das alles selbst geschafft hat! Dieses Gefühl kann einem eben kein Gärtner geben. Zu einem Baum, den man selbst gepflanzt, zu einem Beet, das man mit eigener Kraft umgegraben hat, entwickelt man eine viel innigere Beziehung, und mit einiger Wahrscheinlichkeit wird man dazu auch mehr Sorge tragen, weil einem immer bewusst ist, wie viel Kraft und Arbeit darinsteckt. In Biel hatte ich eine Thujenhecke, dreißigjährige Kirschlorbeerbüsche und Rhododendren mit monströsen Wurzelstöcken zu entfernen. Das ist allein nicht zu bewältigen, aber zu zweit und mit etwas Geschick und bei guter Einteilung der Kräfte schafft man auch größere Probleme als diese aus der Welt beziehungsweise aus dem Garten. Und dann heißt es, neue Erde in die Löcher schaufeln. Wenn ich eine größere Aktion vor mir habe, pumpe ich erst einmal das Rad an meiner Schubkarre auf, dann lässt sich alles gleich viel leichter transportieren. Auch sollte das Schaufelblatt des Spatens scharf geschliffen sein, das spart Kraft beim Graben. Jahrelang habe ich mit einem gewöhnlichen Männerspaten gearbeitet. Da ich eher groß bin, passte der eigentlich ganz gut zu mir. Aber eines Tages lieh mir meine Nachbarin den Spaten aus,

den sie von ihrer Oma geerbt hatte. Und ich war begeistert von diesem kleinen, leichten Werkzeug, dessen Schaufelblatt scharf geschliffen war, ja, es glitt in die Erde wie in weiche Butter. Der kleine Omaspaten lag wunderbar leicht in meiner Hand, und als ich ihn zurückgeben musste, habe ich mich gleich auf die Suche gemacht. Ich wollte meinen eigenen Omaspaten haben. Seither arbeite ich nur noch damit.

Etwas Grips ist gefragt

Und wie bei allen Arbeiten hilft es auch bei schweren Gartenarbeiten, erst einmal zu überlegen. Stichwort: Fliehkraft und Hebelwirkung. Wenn man auf der richtigen Seite ansetzt und im günstigsten Winkel zieht und zerrt, dann geht es plötzlich. Dazu braucht es etwas Erfahrung. Mit der Zeit lernt man aber seine Kräfte geschickter einzuteilen. Wenn größere Büsche entfernt

werden sollen, kann man sie je nach Situation auch mit einem Brett oder einem Stein unterlegen und so Stück für Stück aus der Erde hebeln. Ja, bei schweren Gartenarbeiten sind eben nicht nur die Muskeln, sondern auch der Kopf gefordert. Man darf sich gern was einfallen lassen, damit es leichter geht!

Neulich habe ich mit einer Kundin zusammen Obstbäume gepflanzt. Die Frau war sehr feingliedrig und zart, aber sie wollte unbedingt ihre Bäume selbst pflanzen. Eine Weile hantierte sie mit dem Spaten und gestand schließlich, dass sie noch nie in ihrem Leben ein Loch gebuddelt habe. Ich zeigte ihr, wie sie den Spaten halten musste, damit sie ihre Kräfte besser einteilen konnte, und half ihr dabei. Beim dritten Baum hatte sie es dann selbst raus und hob das Pflanzloch ganz allein aus. Da sie auf dem Land wohnte und mir erzählte, sie hätten viele Wühlmäuse, wickelten wir alle Wurzelballen in Hühnerdraht ein, damit sie nicht gleich abgefressen wurden. Bis zum Abend hatten wir eine kleine Allee aus Kirschen, Äpfeln und Birnen gepflanzt. »Meine Bäume!«, sagte

die Frau und schritt von einem zum nächsten, strich mit ihren zarten Fingern über die Zweige, berührte die jungen Stämme: »Meine Bäume«, und ich werde nie vergessen, wie stolz und glücklich sie dabei aussah, dreckig und verschwitzt und müde und sehr zufrieden mit sich und der kleinen Welt, die sie geschaffen hatte.

Bild 1: Große Gesten, große Kränze: Im Herbst wird das dürre Laub der Feuerbohnen für Dekorationen geerntet.
Bild 2: Gießkannen aus Plastik sind zwar nicht so schön, dafür weniger schwer als solche aus Zink!
Bild 3: Bei der Gartenarbeit geht nichts über solide Schuhe. Alte Wanderschuhe eignen sich gut, für gröbere Gartenarbeiten auch Doc Martins mit Stahlkappen.
Bild 4: Ein Spaten muss gut in der Hand liegen und die passende Größe haben, dann geht die Arbeit gut von der Hand.

»Irgendeine
Überraschung hält
der Garten immer
parat.«

WEGE ZUR GELASSENHEIT

Im Garten habe ich gelernt, nicht mehr so streng zu sein, zu mir selbst nicht und auch nicht zu den Pflanzen. Und auch mal fünfe gerade sein zu lassen. Das Wetter haben wir sowieso nicht im Griff. Man lernt auch, Rückschläge hinzunehmen. Hagel, Kahlfrost oder ein extrem heißer Sommer, der die zarten Pflanzen dahinrafft. Man lernt es verschmerzen. Man räumt die zerstörten Pflanzen beiseite, man schneidet zurück, was vielleicht noch zu retten ist. Und dann fängt man eben wieder von vorn an. Das Interessante an Rückschlägen ist, dass meist etwas Neues auftaucht. Irgendeine Überraschung haben meine Gärten nach jeder Wetterkatastrophe bereitgehalten. Nach einem Hageltotalschaden im Juni hatte ich den Garten für die Saison schon abgeschrieben. Ich räumte dann aber doch den ganzen Pflanzenbrei weg, um darin nicht noch mehr Schnecken zu züchten. Alles, was kaputt war, schnitt ich weg, bis die Beete am Ende kahl dastanden. Einen Monat später aber erlebte ich mein blühendes Wunder. Die Kapuziner, die Ringelblumen, ja sogar die Zucchini und Kürbisse hatten neue Ranken und Blüten gebildet, viel dichter und üppiger als zuvor. Sie waren mit aller Wucht wiedergekommen, wie um es dem Hagel zu zeigen, dass man sie so leicht nicht unterkriegen konnte. Und ich stand nur noch mit Stielaugen daneben und staunte nicht schlecht.

SABINES TIPP

Lückenfüller

Für den Fall, dass mal was schief geht, halte ich jeweils ein paar Kübel mit Lückenfüllern parat. Sie lassen sich nach Bedarf auspflanzen oder auch einfach nur samt der Kübel ins Beet stellen. Funkien, Frauenmantel und Buchskugeln eignen sich dafür bestens, weil sie farblich überall passen. Auch die bunten Purpurglöckchen (Heuchera) passen gut in Lücken.

Bescheidene Krieger

Plötzlich steht der verwitterte Gartenzwerg ganz allein auf weiter Flur, von allem schützenden Laub befreit und für jedermann gut sichtbar, wo man ihn doch ganz gern versteckt gehalten hätte. Oder man entdeckt nach einem Desaster Pflanzen, die man vorher schlicht nicht beachtet hatte. Plötzlich steht eine Eselsdistel, die den Sturm wie durch ein Wunder überlebt hat, allein und in ganzer Majestät auf dem Vorplatz. Und eigentlich nehme ich die große Geste ihrer weißwolligen Sprosse mit den fiedrigen, stechend gesägten, von spinnwebartigen grauen Haaren bedeckten Blättern erst jetzt wahr, sehe sie so allein und mit ausgebreiteten Armen dastehen, als wollte sie mich zum Tanz einladen. So stattlich sie auch dasteht, so bescheiden ist sie. Sie kriegt nie Dünger, und Wasser bekommt sie schon gar nicht. Ihr Nachwuchs fühlt sich sogar in den Ritzen zwischen den Waschbetonplatten wohl.

Und bei den Nachbarn sind zu meinem großen Vergnügen auch bereits einige aufgetaucht. Je weniger man sich um sie kümmert, desto größer scheinen sie zu werden. Ein Wunder, wie scheinbar aus dem Nichts diese meterhohen silbrigen Skulpturen in die Höhe schießen. Irgendwann schaut man sich um, und sie sind da. Eine ideale Pflanze also auch für Guerillagärtner, die sie unbemerkt irgendwo freilassen wollen.

Eselsdisteln sind zweijährige Pflanzen. Im Frühling gesät, bilden sie im ersten Sommer eine Blattrosette und schießen in der zweiten Saison in die Höhe. Wie bei allen zweijährigen Pflanzen ist es sinnvoll, zwei Generationen heranzuziehen, also nur einen Teil der Samen zu säen und den Rest ein Jahr später. Bei den ganz zarten jungen Blättern der Eselsdisteln sollte man ein Auge auf die Schnecken haben. Sobald die Blätter wachsen, sind sie zu stachelig, um gefressen zu werden. Um ein Jahr versetzt zweimal gesät, hat man jeden Sommer einige junge Blattrosetten und gleichzeitig auch große blühende Eselsdisteln. Wenn man sie nachher weiter versamen lässt, was sie sowieso gern und großzügig tun, sollten später stets irgendwo welche von selbst auftauchen. Ich staune nur manchmal über ihre Standortwahl. Letztes Jahr wollte eine in einer Ritze zwischen den kaputten Betonplatten direkt vor unserer Haustür wachsen! Da ihre Zweige arg stachelig sind, schien mir das doch nicht so praktisch. Verpflanzen kann man Eselsdisteln übrigens kaum. Sie bilden lange Pfahlwurzeln, und wenn sie ausgegraben und gestört werden, gibt's nachher höchstens noch kümmerliche Pflanzen. Besser also, man lässt sie großzügig versamen und reißt halt diejenigen aus, die im Weg stehen. Kein Wunder, ziert diese bescheidene, äußerst robuste Pflanze auch schotti-

Bild unten: Die koreanische Minze Agastache 'Fragrant Delight Mix' eignet sich bestens für eigene Teekräutermischungen.

sche Münzen! Sparsam und ohne Schaden auch einen Sturm überstehend, ja, das ist eine Pflanze, die uns Gelassenheit lehrt.

Abwarten und Tee trinken

Mitunter ist das Beste, was wir im Garten tun können – abwarten und Tee trinken. Jawohl, sich mit einer Tasse Tee hinsetzen und zuschauen, beobachten, überlegen. Das hilft oft mehr als überstürzter Aktionismus. Um die Gelassenheit auch symbolisch im Garten zu verankern, lege ich ein Teegärtchen an und ziehe meine besten Teekräuter gleich selbst. Minze, Melisse, Indianernessel, Koreanische Minze sowie Ringelblumen, Hibiskus und Malvenblüten, die den Tee gelb, rot oder blau färben. Fencheltee ist gut für den Magen. Thymian und Salbei helfen gegen Husten. Und auch Baldrian sollte nicht fehlen in einem Teegarten. Er wächst zu einer stattlichen Staude mit zarten rosaroten Blüten heran. Im Herbst gräbt man die Wurzeln aus und trocknet sie. Aus ihnen lässt sich ein beruhigender Schlaftee zubereiten.

Meine Teekräuter

Bild 1: Fencheltee beruhigt den Magen und die Nerven. Sowohl die Samen wie auch die Blätter können hierfür verwendet werden.

Bild 2: Zitronenmelisse (Melissa officinalis) schmeckt auch für erfrischende kalte Sommertees bestens.

Bild 3: Aus den fermentierten Blättern dieser Kamelie wird der Schwarztee gewonnen: Camellia sinensis.

»Stauden brauchen Geduld, bis sie große Kolonien bilden.«

ANEINANDER WACHSEN

Viele Pflanzen wachsen ganz einfach, manche auch mehr, als uns lieb ist. Andere aber sind extrem schwierig oder sie brauchen sehr lange, bis sie blühen. Und vielleicht möchte man mit der Zeit eben genau eine von denen haben. Die Riesenlilien (*Cardiocrinum*) oder den Himmelblauen Schlafmohn (*Meconopsis*) aus dem Himalaja. Ja dann, viel Vergnügen! Bei mir gedeiht noch nicht mal der gelbe Walisische Schlafmohn (*Meconopsis cambrica*), der in anderen Gärten in der Nähe – wie um mich zu verhöhnen – als »Unkraut« wächst! Sie reißen den tatsächlich aus, weil er überall auftaucht. Außer eben bei mir. Egal, was ich bisher alles versucht habe, es ging nicht, in Biel nicht, und schon gar nicht im Seegärtchen in Twann, wo es zu heiß und zu trocken ist für alle Arten von *Meconopsis*. Vor Jahren hatte ich es dort mit dem Großen Scheinmohn (*Meconopsis grandis*) versucht, den ich blühend gekauft hatte. Das sah einfach zauberhaft aus, die blaue Blüten vor dem See. Ich stellte einen Sonnenschirm auf, besprühte ihn täglich mit kühlem Wasser und flehte ihn an, zu bleiben.

Geholfen hat alles nichts, er blühte ein paar Tage, und dann ging er sang- und klanglos ein. Der Topf stand noch einige Monate da, irgendein Funken Unverstand ließ mich wohl auf ein Wunder hoffen, eine Auferstehung. Bei verstorbenen Pflanzen kommen solch christliche Mirakel aber leider äußerst selten vor. Auch der blaue Scheinmohn gehörte nicht dazu, wie sehr ich ihn auch anbetete. Er kam nicht wieder. Und auch die Samen, die ich im nächsten Frühjahr sorgfältig aussäte, feucht hielt und vor den Schnecken beschützte, wuchsen nicht zu kräftigen Pflanzen heran. Sie kränkelten und verschwanden irgendwann, und zwar lange bevor sie zur Blüte kamen.

In den Himmel wachsen

Nicht alles ist machbar, oder jedenfalls nicht mit vernünftigem Aufwand. Man muss sich damit abfinden und halt etwas pflanzen, was eben gedeiht. In meinem Fall ist das nun Schlafmohn, der fühlt sich ausgesprochen wohl in meinen Gärten. Und falls man eine Pflanze trotzdem unbedingt und um jeden Preis haben will, ja dann muss man sich halt noch mehr anstrengen. Und es noch einmal versuchen, und vielleicht noch ein weiteres Mal. Wenn

SABINES TIPP

Stecklinge ziehen

Stecklinge machen ist ganz einfach. Man schneidet Anfang Herbst gesunde junge Zweige, die nicht geblüht haben, und entfernt die Blätter. Die Stecklinge kommen in einen Topf mit Aussaaterde, gut andrücken und immer feucht halten. Mit etwas Geschick sollte jeder zweite Steckling wurzeln. Ich schneide also immer doppelt so viele, wie ich dann Pflanzen brauche.

man es lange und intensiv genug versucht, mit aller Hingabe versucht, dann kann man fast jede Pflanze irgendwann dazu überreden, dass sie doch gedeiht. Fragt sich halt immer, wie viel einem die Sache wert ist und ob man die Zeit nicht besser nutzt für andere Pflanzen, die sowieso wachsen wollen.

Manchmal wünscht man sich einen Baum, der in den Himmel wächst, mit einem Stamm so breit, dass man sich bequem anlehnen kann. Oder gar zwei große Bäume, zwischen deren Stämmen eine Hängematte baumeln könnte. Und vielleicht möchte man das sogar umso mehr, je kleiner der Garten und je beengter der vorhandene Raum.

Wenn ich nur eine einzige Pflanze haben dürfte – ich würde einen Apfelbaum pflanzen. Ja, ein Garten ohne Apfelbaum ist höchstens ein halber Garten. Ich würde einen Hochstamm wollen, mit Lenzrosen drunter und einer Wiese voller Dichternarzissen. Nur hatte ich in meinem Garten leider weder eine Wiese noch ausreichend Platz für einen großen Apfelbaum. Aber trotzdem … Mit meiner früheren Nachbarin hatte ich schon öfter darüber gesprochen. Wir hatten die Thujenhecke auf der Grundstücksgrenze entfernt, und mir schwebte vor, stattdessen einen symbolischen Apfelbaum zu pflanzen, dessen Früchte wir dann teilen würden. Auf dem Setzlingsmarkt der Pro Specie Rara auf Schloss Wildegg habe ich ihn dann gefunden, meinen Apfelbaum. Ja, ich habe mich in ihn verliebt. Ich wusste gleich, den will ich und keinen anderen – noch bevor ich das Namensschild gelesen hatte. Seine Form war so elegant, die Anordnung seiner Äste, die Größe stimmte auch. Dann das gesunde Laub. Die Blüten! Er stand in voller Blüte, als ich mich in ihn verliebte. Ach. Dass er von der Länge her genau in mein Auto passte, von der Frontscheibe bis zum Heck, erachtete ich als gutes Omen. Der Baum wurde also gekauft. Das war ein bisschen wie ein Pferd kaufen, wenn man in einem Reihenhaus wohnt, vernünftig war es sicher nicht. Aber Vernunft war noch nie meine Stärke.

Meine Nachbarin schaute etwas skeptisch, als ich den Baum vom Parkplatz herüberschleppte, fragte, was wir dann tun würden, falls er zu groß würde, falls die Äste dereinst von Haus zu Haus reichen und alles in den Schatten stellen würden. Was wir tun würden, falls die Eigentümer unserer Häuser Einwände hätten; was wir tun würden, wenn wir einmal nicht mehr hier wohnten; was wir tun würden, falls dieses und falls jenes.

»Tja«, habe ich gesagt, »das sehen wir dann.« »Ich habe in meinem Leben schon etliche Apfelbäume gepflanzt«, fügte ich dann noch an, »ich habe sie nicht gezählt.« Und ich habe nie nachgefragt, wie viele davon noch stehen, ob sie ordentlich geschnitten und gepflegt wurden oder ob einer von ihnen bereits gefällt wurde, ich will es gar nicht wissen. Alles, was ich tun kann, ist, einen schönen, gesunden Baum zu pflanzen, ihn gut zu pflanzen, sodass er ordentlich anwächst und sich entfaltet. Und gut nach ihm zu schauen, solange ich da bin. Da mir meine Gärten eigentlich nie gehörten, liegt alles Weitere eben nicht in meiner Hand.

Zur Tat schreiten

Ich holte meinen Spaten und hob die Pflanzgrube aus. Wir hievten den Baum in das Loch und wässerten ihn ausgiebig. Und dann freuten wir uns erst einmal, dass er da war. Ja, er sah prächtig aus, er verlieh unseren Gärten eine ganz neue Dimension. Ich würde sogar behaupten, durch den Apfelbaum sei eine Art Ernsthaftigkeit eingekehrt zwischen den Arbeiterhäuschen und den Wohnblöcken gegenüber, etwas Bleibendes im ansonsten durchweg Provisorischen. Dem Etikett nach handelt es sich um eine 'Ananas Reinette'. Obstbäume sind ja ein beliebtes Gebiet für Besserwisser. Ich habe, das räume ich großzügig ein, keine allzu große Ahnung davon, aber einen Baum zu pflanzen, dessen Früchte ich nicht kenne, das finde ich umso spannender. Ein halbes Jahr lang habe ich täglich aus dem Küchenfenster geschaut und mich

Bild 1: Die junge 'Ananas Reinette' im Seegärtchen trug bereits im ersten Sommer nach dem Verpflanzen süße Äpfel.
Bild 2: Das Feigenwunder: Feigen im Sommer, Feigen im Herbst, der Baum wollte gar nicht mehr aufhören, uns mit Früchten zu verwöhnen.
Bild 3: Für eigenes Olivenöl reicht die Menge natürlich nicht, aber so ein kleines Olivenbäumchen sieht doch einfach ganz nett aus.

gefreut, egal, ob der Baum hier groß und alt werden durfte oder nicht. Mich interessierte nur der Moment, ein milder Frühsommermorgen, mit einer Tasse Kaffee in der Hand neben unserem Apfelbaum zu sitzen und zu denken, wie schön er ist, wie schön der Morgen ist, wie gut das Leben. Mehr zu erwarten wäre wohl vermessen gewesen. Ich freute mich jeden Tag über ihn, ich würde mich jeden Tag freuen, solange ich hier war – und er auch.

Noch im Herbst desselben Jahres habe ich den Baum dann ausgegraben und in mein Seegärtchen nach Twann gebracht. Weil nämlich der dortige Apfelbaum, den ich acht Jahre zuvor gepflanzt hatte, in einer Nacht-und-Nebel-Aktion von Bibern gefällt worden war. Die 'Ananas Reinette' versah ich deshalb mit einem Kragen aus Hühnerdraht. Da steht sie nun, direkt am Hafen, und trug schon im ersten Herbst nach dem Umzug erste Früchte. Ich hoffe, dass sie vielleicht nicht ganz so groß wird, da ja auch ihr Wurzelraum recht beschränkt ist in der Ecke der Hafenmauer. Wir werden sehen. Zu viel schneiden werde ich sie nicht, denn je stärker man junge Apfelbäume schneidet, desto kräftiger wachsen sie.

Ein Hauch Mittelmeer im Kübel

Feigen oder ein Olivenbäumchen kann man ganz gut in einem Kübel ziehen. Die Feigen bilden sogar mehr Früchte, wenn ihr Wurzelraum beschränkt ist. Und das Olivenbäumchen lässt sich so im Winter gut an einen frostfreien Platz tragen. Vielleicht werden die Bäume im Kübel nicht wahnsinnig groß, und vielleicht werden sie nicht ewig leben, aber einige Jahre wird man sicher Freude daran haben, und das ist doch alles, was zählt. Ich finde es übrigens auch nicht spießig, die Ratschläge einer guten Baumschule oder eines Züchters zu befolgen. Diese Profis arbeiten jahrein, jahraus mit ihren Pflanzen und wissen tatsächlich, wovon sie reden und worauf man achten muss. Ja, gärtnern kann so einfach sein: in eine gute Baumschule gehen und einen guten Baum kaufen. Der Baum muss nur zu Klima und Boden, Lichtverhältnissen und Pflanzgemeinschaft passen. Um das im Detail zu besprechen, sucht man als Anfänger am besten eine Fachperson auf. Von

Grund auf richtig gewählt und richtig gepflanzt, kann nachher nicht mehr viel schiefgehen mit dem eigenen Baum.

Geduldig formen

Geduld braucht auch, wer selbst einen Baum ziehen will. Feigen oder Lorbeerbäumchen gedeihen ganz gut, aber es dauert einige Jahre, bis sie groß sind. Besonders Lorbeerbäumchen ziehe ich gern selbst. Ich schneide dazu im Spätsommer Stecklinge, und dann heißt es warten. Die Triebspitze kappe ich, sobald der Baum die gewünschte Höhe erreicht hat. Und dann wird langsam die Krone geformt. Immer wieder kürze ich die neuen Triebe ein, bis sich eine dichte Kugel bildet. Auch alle Triebe am Hauptstamm entferne ich. Mit der Zeit wird der Stamm dicker, und irgendwann, nach fünf, sechs Jahren, hat man sein eigenes Lorbeerbäumchen vor dem Haus stehen. Darüber freue ich mich dann jeweils so sehr, dass ich eine hübsche Schleife um seinen Stamm binde. Auch Buchs lässt sich mit Geduld zu Bäumchen, Kugeln oder

anderen Wunschfiguren formen. Aus einem kleinen Buchs habe ich über die Jahre eine große Kugel gezogen und diese dann zu einer Spirale geschnitten. Es dauerte nochmals drei Jahre, bis die Kreise dicht wurden. Und nun verteidige ich sie gegen Buchsbaumzünsler und andere Buchsprobleme. Nein, mit Chemie gespritzt wird bei mir nicht, zumal die handelsüblichen Mittel gegen Buchsbaumzünsler auch Bienen umbringen. Aber man muss ein Auge darauf haben. Sobald die ersten Raupen auftauchen, heißt es handeln, bevor sie sich weiter vermehren können. Wenn es nur wenige sind, kann man sie einsammeln oder mit einem starken Wasserstrahl wegspritzen. Bei größerem Befall hilft das biologische Mittel Delfin. Wer die Zünsler gleich in den Anfängen erwischt, kann sie mit einem sehr starken Wasserstrahl eventuell wegpusten.

Bild unten: Buchs formen braucht Geduld. Doch nach einigen Jahren treten auch komplizierte Formen wie Spiralen deutlich hervor.

Mit den Artischocken musste ich auch einige Jahre Geduld haben. Die ersten Versuche scheiterten jeweils im Winter. Aber nun grabe ich Lava- und Bimsstein in die Erde, das verbessert die Dränage und speichert Wärme. Außerdem ist es wichtig, das alte Laub nicht wegzuschneiden, so klappt es nun und die Artischocken kommen im Frühling wieder. Geduld brauchen auch die Maiglöckchen, bis sie dann endlich den ersehnten dichten Duftteppich bilden. Überhaupt geht im Garten oft nichts über ein paar Jahre Geduld! Die Glyzine in Twann hat vier Jahre gebraucht, bis sie über den Bogen und am Zaun entlanggewachsen war. Dafür wuchert sie nun wie verrückt. Die erste Zeit hat man oft das Gefühl, es passiere gar nichts. Aber der Eindruck täuscht, denn die Pflanze bildet erst einmal Wurzeln. Es ist, als ob sie Anlauf nehmen würde. Und eines Tages legt sie richtig los!

Die eigenen Grenzen spüren

Gelegentlich werde auch ich wider alle Vernunft von hochtrabenden Gartenträumen heimgesucht. Begehrte Pflanzen aus südlicheren Gefilden, die ich unbedingt haben möchte und die mich dann mitunter an die eigenen Grenzen stoßen lassen. Die afrikanischen Schmucklilien *(Agapanthus)* sind so ein Fall. Ich liebe sie über alles. Aber richtig schön sind sie nur, wenn sie riesige Klumpen bilden und in entsprechend großen, massiven Terrakottatöpfen stecken. Und im November verfluche ich sie dann, und verfluche vor allem mich selbst dafür, dass ich im Sommer nochmals einen weiteren großen *Agapanthus* gekauft habe, weil der im Gartencenter dermaßen prächtig blühte, dass mir Gewicht und Preis und überhaupt alle Folgen egal waren. Den wollte ich einfach haben, mein letztes Geld dafür ausgeben, und gleich noch einen wunderschönen italienischen Topf und das allerbeste Substrat dazu – basta. Wie viele schwere Kübel mit *Agapanthus* ich schon ins Winterquartier geschleppt habe! Jedes Mal scheinen sie meine Kräfte zu übersteigen. Und doch kann ich nicht lassen von den afrikanischen Schmucklilien, um keinen Preis der Welt würde ich auch nur eins der stattlichen Exemplare mit den fußballgroßen Blütenbällen hergeben!

Überhaupt gibt es Pflanzen, die schier aussichtslos scheinen. Alle raten einem davon ab, und eigentlich weiß man selbst auch, dass es unvernünftig ist. Und dann versucht man es in einem Anflug von Übermut trotzdem … und staunt umso mehr, wenn es wider Erwarten klappt. So erging es mir mit meinem Pfirsichbäumchen. Ein Zwergbaum im Topf, der ein Dutzend Früchte trug, als ich ihn kaufte. Das konnte nicht gut gehen, das war ja nur ein teurer Gag.

Er wurde denn auch von vielen Besuchern totgesagt. Aber er lebt immer noch, er hat sogar den strengen Frost im Februar 2011 ganz allein und ungeschützt draußen überlebt. Ja, ich hatte ihn nicht einmal eingepackt, weil ich keinerlei Hoffnung hegte, er würde überleben. Und im Frühling hat er dann geblüht, er hat sich über und über in rosaroten Flor gehüllt, damit ihn auch niemand übersehen konnte. Das Bäumchen ist keinen halben Meter hoch, aber wir konnten im zweiten Sommer an die zwanzig Pfirsiche ernten, ich hatte sogar noch die Hälfte der kleinen Früchte entfernt, weil die Ästchen unter dem Gewicht zu brechen drohten. Ich hätte das selbst nicht geglaubt, wenn es mir jemand erzählt hätte. Dieses kleine Pfirsichbäumchen ist nun mein ganz persönliches Gartenwunder. Und irgendein Gartenwunder haben wir doch alle, oder nicht?

Bild unten: Der Zwerg-Pfirsichbaum fühlt sich wohl im Gärtchen am See. Wir mussten die Hälfte der Früchte entfernen, damit die zarten Äste nicht vorzeitig brechen.

»Die großen Gartenfragen sind immer auch Lebensfragen.«

GÄRTEN HEILEN MENSCHEN

In den 1980 Jahren hat die Forschung den Garten als Therapieform entdeckt, denn Gärten heilen Körper und Seele. Seither übernehmen auch immer mehr Kliniken das heilsame Prinzip und gestalten beruhigende Parklandschaften mit Wiesen und Baumgruppen, die die Genesung unterstützen. In Altersheimen wird Gartentherapie angewendet, um die Menschen anzuregen. Insbesondere Demenzkranke können mit Blumen und Kräutern verschüttete Erinnerungen wieder wecken. Für Menschen, die sich nicht mehr gut bücken können, werden Hochbeete angelegt, in denen sie immer noch Gemüse und Blumen selbst ziehen können. Hochbeete eignen sich auch für Rollstuhlfahrer.

Und sicher helfen Gärten gesunden Menschen, gesund zu bleiben. Wer täglich eine halbe Stunde gärtnert, beugt Diabetes vor, hat Fritz Neuhauser vom Geriatriezentrum in Wien herausgefunden. Außerdem fördern leichte körperliche Arbeiten wie Rasenmähen und Blumenpflanzen die Bildung des positiven HDL-Cholesterins, welches das Herz vor Arteriosklerose schützt. Auch Vitamin D wird im Tageslicht gebildet, das die Knochen stärkt. Insbesondere bei älteren Menschen hilft die Gartenarbeit, die Muskulatur zu stärken und dem Knochenabbau entgegenzuwirken. Außerdem stärkt der Aufenthalt an der frischen Luft das Immunsystem.

Im Garten zu sich selbst finden

Und Gärten halten uns nicht nur auf körperlicher Ebene gesund. Die großen Gartenfragen sind immer auch Lebensfragen. Im Garten schaffen wir unsere eigene Ordnung. Mitunter sind mir die Pflanzen auch Psychiater, ich rede mit ihnen, ich beichte ihnen oder erkläre ihnen ein Problem, erkläre es ihnen so lange, bis ich selbst wieder den Durchblick habe. In diesen Zwiegesprächen mit meinen Pflanzen ist mir schon so manches klar geworden. Nicht dass die Pflanzen mir direkt antworten würden. Oft reicht es schon, ein Problem in aller Ruhe und Klarheit für sich selbst zu formulieren. Der Garten bietet mir den passenden Rahmen dazu.

SABINES TIPP

Pflanzen als Medizin

Heute haben viele Menschen das Vertrauen in Pflanzen und vor allem in sich selbst verloren – die meisten trauen sich nicht einmal mehr, eigene Heilmittel aus dem Garten zu gewinnen. Über Jahrtausende war dies in allen Kulturen der Welt eine Selbstverständlichkeit.

Die Arbeit mit den Pflanzen zwingt mich zur Langsamkeit und Ruhe, zum Innehalten und Nachdenken. Die Stunden im Garten sind ein kostbares Zeitfenster, ich bin ungestört, ich kann in Ruhe brüten über die großen und auch kleinen Fragen des Lebens. Und ein bisschen spielen wir auch lieber Gott in unserem Garten, entscheiden, was wachsen darf und was weichen muss. So formen wir eben letztlich nicht nur unsere Pflanzen, sondern wachsen auch selbst in diesem Prozess des Nachdenkens und Kreierens, des Beobachtens und Wachsenlassens.

Im Garten lernen wir viel mehr, als nur zu gärtnern und mit Pflanzen umzugehen. Im Garten finden wir zu uns selbst. Ich erlebe es auch bei meinen Kursen gelegentlich oder bei der Gartenberatung. Wie jemand plötzlich seinen eigenen Weg findet durch die Gartenarbeit, das ist immer ein großes Geschenk. Meist habe ich gar nicht viel gemacht, ein paar Fragen gestellt vielleicht, etwas infrage gestellt, das die Person als unverrückbar betrachtete. Ich erinnere mich an eine Kursteilnehmerin, sie war sehr schüchtern und sagte kaum etwas vor den anderen, aber einmal kam sie in der Pause zu mir und erzählte von den Pelargonien, die sie samt Haus von der Schwiegermutter geerbt hatte. »Die Schwiegermutter ist gestorben, und jetzt musst du dich um ihre Pelargonien kümmern?« »Ja, leider«, sagte sie und fügte an, sie hasse Pelargonien. »Das Haus gehört doch jetzt euch«, sagte ich. Sie nickte. »Dann könnt ihr doch selbst bestimmen, was ihr pflanzen wollt …«, sagte ich. Sie sah mich erwartungsvoll an. »Herrgott noch mal, dann wirf die verhassten Pelargonien doch einfach weg oder verschenke sie!«

Bild unten: Rosmarin, eine Fliegenpilz-Kerze und eine gemütliche Bank laden zum Verweilen ein.
Bild rechts: Die letzten Sonnenblumen blühen noch, aber die Tage werden schon kühler. Zeit also für ein knisterndes Herbstfeuerchen.

Ein paar Monate später erzählte sie mir, sie habe nun Gräser vor die Fenster gepflanzt und wie sehr ihr das gefalle und dass sogar die Nachbarin gesagt habe, das sehe frisch und freundlich aus und wie gut das zu ihr passe. Ich gratulierte ihr zu ihrem Mut. Ja, warum nicht Gräser vor die Fenster pflanzen? Hauptsache, sie hatte ihre eigene Idee umgesetzt und war glücklich damit.

Der Mühe Lohn

Am letzten Kurstag kam sie mit einer großen Mappe unter dem Arm daher und sagte: »Heute zeige ich euch meinen Garten. Ich will euch jetzt mal zeigen, was ich in diesem Kursjahr alles verwirklichen konnte.« Mit sicherer Stimme, laut und deutlich, kommentierte sie ihre Präsentation, sagte: »Und da habe ich ein neues Beet angelegt. Mein Mann war anfangs skeptisch, aber ich konnte ihn überzeugen.« Sie zeigte uns ein Bild von einem prächtig blühenden Staudenbeet. »Und dann habe ich noch den hinteren Teil des Gartens neu gestaltet …« Sie zeigte uns ein Bild ums andere,

erzählte, führte aus, sie war kaum mehr zu bremsen in ihrem enthusiastischen Vortrag. Eine völlig neue Frau, schien es mir, so selbstsicher, sie sprühte vor Energie und Lebensfreude, und irgendwie steckte sie uns alle an damit. Nach dem Kurs sagten einige, sie verspürten jetzt große Lust, sofort nach Hause zu gehen und das nächste Gartenprojekt in Angriff zu nehmen, und mir ging es nicht anders.

Jäten befreit den Kopf

Manchmal ist man nur froh, wenn überhaupt etwas wächst. Und oft ist es gar nicht das Schlechteste, was da so von ganz allein auftaucht, Brennnesseln zum Beispiel. In Twann wuchern sie auf der Treppe. Ich verwende sie als Spinatersatz. Auch ein Brennnesselsüppchen schmeckt gut, oder man püriert sie und backt Brennnesselbrot damit. Außerdem sind die Schmetterlinge dankbar, wenn wir einige von ihnen stehen lassen. Gegen die wilde Rauke und den sich selbst vermehrenden Feldsalat habe ich auch nichts.

Und den Giersch, also den Giersch kultiviere ich geradezu. Wenn man zu viel davon erntet, verschwindet er nämlich. Und das wäre schade, weil er erstens gut schmeckt und zweitens unter Büschen und Bäumen ein hübscher Bodendecker ist. Dasselbe gilt für Gundelreben und, und, und … So viele Wildkräuter schmecken einfach gut und sind obendrein auch wirkungsvolle Heilmittel. Wir sollten dankbar sein für die Vielfalt in unseren Gärten! Und was zu viel ist, kann immer noch ausgerissen werden. Doch nur jäten, damit Ordnung herrscht, das macht überhaupt keinen Sinn. Ich reiße deshalb nur aus, was andere, von mir bevorzugte Pflanzen zu sehr bedrängt oder was sonst wie im Weg ist und stört. Eigentlich genieße ich es, ein paar Stunden friedlich im Garten zu jäten, in den Beeten zu knien, mit meinen Händen zu arbeiten und alles zu spüren und zu beobachten. Man ist den Pflanzen selten näher als beim Jäten, da bin ich ganz im Hier und Jetzt. Ich entscheide, was bleibt, was in die Pfanne kommt und was die Hühner fressen dürfen. Jäten ist auch die beste Methode, um den Kopf zu lüften, und es ist eine der wichtigsten Arbeiten im Garten.

Der Garten, mein bester Freund

An dieser Stelle möchte ich nicht von mir erzählen und meinen verlorenen Gärten, sondern von anderen, die im Garten Halt fanden in schwierigen Zeiten. Von den begnadeten Pflanzensammlerinnen, die ich kenne, haben nicht wenige im Garten einen schweren Schicksalsschlag verarbeitet, haben im Garten neue Hoffnung gefunden nach dem Tod ihres Partners, nach dem Tod eines Kindes gar. Ich erinnere mich an meine Großtante, die Mann und Sohn verloren hatte in jungen Jahren und fortan für ihren Garten lebte und für die Kaninchen, die sie mit Hingabe züchtete. Ja, sie hat etwas verstanden von Rosen, meine Tante Fanny, sie hatte prächtige Edelrosenbeete. Und sie baute Beeren und Gemüse an, als hätte sie eine Großfamilie zu versorgen. Sie kümmerte sich fachmännisch um ihre Obstbäume, Mirabellen, Aprikosen, Quitten, Pflaumen, die süßesten und schmackhaftesten Sorten, ja, meine Tante Fanny wusste, was gut war. Und zupacken konnte sie! Meine Tante Fanny schreckte vor keiner Arbeit zurück, sie gärtnerte wie ein Mann. Sie trank auch das Bier aus der Flasche und sie rauchte wie ein Kerl. Und als sie alt war, hörte man ihre raue Stimme von Weitem durch den Garten schallen: »Komm her, Bienchen, ich hab dir ein paar Himbeeren!«

Einmal hatte sie eine ihrer Edelrosen verloren, da war sie untröstlich. Aus unerklärlichen Gründen war ausgerechnet die geliebte 'Queen Elizabeth' eingegangen. Als ich ihr eine neue brachte, freute sie sich unendlich darüber, dass ich die Sorte kannte. Von da an hatte sie mich respektiert als ihresgleichen, als eine, die Bescheid wusste über Rosen, und auch ein bisschen über das Leben. Wir haben dann noch ein paarmal zusammen ein Bierchen getrunken im Garten und zusammen eine Zigarette geraucht bei den Kaninchenställen unten, und manchmal vermisse ich sie, aber sie hat schließlich ihr Leben gelebt, und sicher nicht schlecht gelebt in ihrem großen Garten. Nun gärtnert sie wahrscheinlich im Himmel weiter, denn viel Böses hat sie gewiss nicht angestellt in ihrem Leben. Unter den vielen Pflanzenfreunden und Gartenmenschen, die ich kenne, gibt es eigentlich überhaupt kaum Leute mit einem schlechten Charakter. Ja, ich würde sogar behaupten, dass, wer lange genug aktiv gärtnert, irgendwann mit sich selbst und der Welt im Reinen ist.

Der Garten, meine Apotheke

In unseren Breiten gedeihen zahlreiche klassische Heilpflanzen, auf die ich gern zurückgreife. Die Liste scheint schier endlos. Sinn-vollerweise ziehen wir in unseren Gärten diejenigen Pflanzen, die wir persönlich auch tatsächlich brauchen. Und was wir nicht brauchen, darf auch ausgerissen oder verschenkt werden, falls der Platz zu knapp wird. In meinem Gärtchen habe ich büschelweise Oregano ausgerissen sowie Hopfen, den die Vorgängerin gepflanzt hat. Ich mag zwar Bier, aber den kleinen Garten zugewuchert mit Hopfen? Nein danke. Und was soll ich denn mit so viel Oregano? Ab und zu ein paar Blüten, um sie über die Bratkartoffeln zu streuen, aber doch nicht diese Menge! Es sind ganz andere Pflanzen, die ich brauche. Petersilie, Schnittlauch, Basilikum und Koriander verwende ich immer zum Kochen. Und vor allem ziehe ich stets einige Heilpflanzen, die ich regelmäßig benutze. Es gibt nun diverse Bücher mit Heilmittelrezepten, und man sollte stets genau nachlesen, bevor man etwas ausprobiert – und sich genau vergewissern, dass es sich um die korrekte Pflanze handelt. Nicht alles, was »biologisch« und natürlich ist, ist deswegen gleich harmlos. Manche Pflanzen enthalten starke Wirkstoffe, die einem helfen können, wenn man sich auskennt. Aber wenn man das falsche Kraut erwischt oder zu viel davon nimmt, können sie einem genauso schaden.

Lieblingskräuter

Nichts falsch machen kann man in der Regel mit Lavendel. Meine Tochter legt sich gern ein kleines Duftkissen mit getrocknetem Lavendel unter das Kopfkissen. Auch Lavendelöl zum Massieren kann man leicht selbst herstellen. Das wirkt beruhigend und entspannend. Die Blüten ernte ich jeweils rechtzeitig, solange sie noch das volle Aroma enthalten. Am aromatischsten duften sie an einem heißen Sommermittag. Dann werden sie zu kleinen Sträußchen gebunden und verkehrt herum zum Trocknen aufgehängt. Für die Küche verwende ich aber lieber die Triebspitzen der Blätter, die etwas dezenter schmecken als die Blüten.

Salbei ziehe ich auch immer, ich habe stets einige verschiedene Sorten nahe beim Haus. Ich koche gern mit Salbei, und wenn ich Husten und Halsweh habe, hilft ein Tee aus Salbei, dem ich noch etwas Thymian beigebe. Außerdem ziehe ich Räuchersalbei (*Salvia apiana*), dessen Laub beim Trocknen eine silbrig weiße Farbe annimmt. Schon die Indianer Nordamerikas verwendeten ihn zum Räuchern. Unnötig zu sagen, dass man daraus auch nikotinfreie Zigaretten drehen kann, die ganz passabel schmecken. Und wenn wir grillen, lege ich oft noch ein paar Salbeizweige auf die Glut, weil ihr Rauch so fein duftet. Salbei ist eines meiner Lieblingskräuter, aber das ist wirklich Geschmacksache, jeder muss sich seine

Bild 1: Die meisten Heil- und Küchenkräuter lassen sich auch in kleineren Gefäßen auf dem Balkon ziehen.
Bild 2: Ringelblumen (Calendula officinalis) gehören zu den klassischen Heilpflanzen für die Hausapotheke.

Gesundmacher

Bild 1: Hornveilchen gehören zu den klassischen Heilpflanzen, eignen sich aber auch gut als Dekoration von Salaten und Süßspeisen.

Bild 2: Ein riesiger Liebstöckel (Levisticum officinale) *strotzt vor Lebenskraft.*

Bild 3: Aus den Blüten des Johanniskrauts (Hypericum perforatum) wird heilendes Öl gewonnen.

eigenen Lieblingskräuter heraussuchen, und wer wenig Platz hat, sollte dann eben auch nur die Sachen ziehen, die er gern hat.

Gute Laune aus dem Garten

Hornveilchen (Viola cornuta) sind gut für die Haut, und ein Sud aus ihnen hilft auch bei Husten sowie bei Blasenproblemen. Und ich kenne kaum eine Blume, die mehr gute Laune herbeizaubern würde. Sobald sich die ersten zarten Blüten meiner Hornveilchen öffnen, habe ich ein Lächeln im Gesicht. Und die Liebe hält an, auch wenn der April noch seine Wetterkapriolen spielen lässt. Im Gegensatz zu ihren großblütigen Verwandten, den Stiefmütterchen (Viola Wittrockiana-Hybriden), stehen die Hornveilchen nach jedem Schneeschauer, nach jedem Regenguss und nach jeder noch so heftigen Windböe wieder auf und lachen mir entgegen mit ihren lustigen Clowngesichtern. Die Liebe hält an, wenn der Mai die ersten heißen Tage bringt; irgendwo in meinem Garten blühen immer ein paar Hornveilchen, den ganzen Sommer über, und im Herbst nehmen sie noch einmal einen Anlauf und blühen nun erst recht. Sie haben ihr Eigenleben, ein bisschen wie meine Katzen, die auch machen, was sie wollen, und die ich deswegen umso lieber habe. Hornveilchen säen sich nämlich im Garten und in den Gefäßen von allein aus, eben so, wie es ihnen passt. Irgendwo tauchen immer welche auf, zwischen den Steinplatten der Gartenwege, im Dickicht unter meiner 'Rose de Resht', unter dem Rotkohl, in einem Kübel mit Tulpen, der noch vom Vorjahr stehen geblieben ist, oder mitten auf dem Kiesplatz. Willkommen sind sie überall. Hornveilchen sind sozusagen das Privileg der nicht so ordentlichen Gärtner, kleine Rebellen, die aber niemandem schaden und die ich eben ganz gut brauchen kann, um mein eigenes Veilchenöl herzustellen.

Auch Ringelblumen ziehe ich jedes Jahr in meinem Garten. Ich schätze sie für ihre antiseptische und entzündungshemmende Wirkung. Man kann aus den Blüten Öl oder Salben herstellen, die bei kleinen Wunden oder auch Sonnenbrand, Insektenstichen und Akne helfen. Meist trockne ich welche, um daraus einen Tee zu brauen, der bei Menstruationsbeschwerden hilft. Liebstöckel (Maggikraut) belebt und macht munter. Er ist gut für die Nerven und gilt auch als Aphrodisiakum. Ein Extrakt aus Funkien wird von manchen Naturheilpraktikern empfohlen, um angenehme Träume zu fördern. Das wohl wirkungsvollste Hausmittel aber ist Johanniskraut. Seine gelben Blüten werden seit je als natürliches Antidepressivum verwendet. Es wirkt für viele Leute genauso gut wie die handelsüblichen Medikamente, jedoch ohne Nebenwirkungen.

Insbesondere gegen Winterdepressionen hilft es bestens – und gratis ist es auch. Wer im Garten kein Johanniskraut hat, findet sicher welches bei Spaziergängen auf Waldlichtungen oder an einem sonnigen Waldrand. Die Blüten können getrocknet und als Tee zubereitet werden. Oder man legt sie in Öl ein, das man eine Weile an die Sonne stellt, bis es eine rote Farbe angenommen hat. Dann die Blüten absieben und das Öl gut vor Licht geschützt aufbewahren. Johanniskrautöl hilft auch kleine Wunden und Entzündungen heilen und ist außerdem bekannt für seine antiviralen Eigenschaften. Insbesondere bei Herpes gilt es als ein gutes Hausmittel und hat sich hier schon vielfach bewährt.

Mein Hexengarten

Die bekanntesten Hexenpflanzen sind wohl Alraunen, Bilsenkraut und Tollkirschen, übrigens allesamt Nachtschattengewächse. In meinem Gärtchen habe ich ein paar Alraunen (Mandragora officinarum) gezogen, einfach aus Neugierde. Die kleinen Wurzelmännchen schreien ja angeblich, wenn sie umgetopft werden. Von meinen Alraunen habe ich aber nie einen Mucks gehört, und leider sind sie auch äußerst heikel zu kultivieren. Sie verschwanden sang- und klanglos, bevor sie auch nur blühten oder gar mein Geld vermehrten, wie man ihnen das früher nachsagte. Einfacher zu ziehen ist die »falsche« Alraune, die Zaunrübe (Bryonia dioica). Sie wurde früher oft als Alraune verkauft, weil die Wurzeln ähnlich aussehen. Sie enthält aber keine vergleichbaren Wirkstoffe. Im Volksmund heißt die Zaunrübe auch Scheißrübe und Scheißwurz, und das eben nicht ganz zu Unrecht.

Auch mit dem Bilsenkraut (Hyosyamus niger) habe ich bisher wenig Glück gehabt, es ist eben auch bei den Schnecken sehr beliebt. Im Mittelalter war es einer der Hauptbestandteile der legendären Hexensalben. Das Pils-Bier verdankt seinen Namen übrigens auch dem Kraut, da man früher zu schwaches Bier mit Bilsenkraut »verstärkte«. Ich stelle mir vor, wie die Schnecken im Drogenrausch nachts durch meinen Garten fliegen, gesehen habe ich sie dabei noch nicht. Aber wenn die Hexen »flogen«, sah man wohl auch nicht viel, sie sind ja von diesen Salben in einen tiefen Schlaf gefallen und haben dann wilde Flugträume geträumt.

Die Flugsalben enthielten meist auch Tollkirschen (Atropa belladonna), unsere wohl bekannteste Giftpflanze. Jedes Kind weiß, dass es die schwarzen Beeren nicht essen darf! Wie die anderen Nachtschattengewächse verursachen sie Krämpfe, gefolgt von Tiefschlaf mit starken Halluzinationen.

DER GRÜNE BAUCHLADEN

Süße Beeren, gesunde Kräuter und Salate, knackiges Gemüse: Nie schmecken sie besser als frisch aus dem eigenen Garten. Sei es vor der eigenen Haustüre oder im Schrebergarten, in einer alten Tonne im Hinterhof oder auf dem Stadtbalkon, die eigene Ernte ist überall möglich.

»Eigenes Gemüse ist
politisch korrekt.«

GEMÜSE AUCH IN DER STADT

Eigenes Gemüse macht Spaß, eigenes Gemüse macht Sinn. Und es schmeckt frisch vom Beet einfach besser. Immer mehr Menschen ziehen darum auch in der Stadt ihre eigenen Tomaten, säen Schnittsalat in Kistchen auf dem Fenstersims oder pflanzen Kräuter in alten Weinkisten auf der Terrasse. Statt am Wochenende aufs Land zu fahren, holen sich die neuen Stadtgärtner ein Stück Land zu sich nach Hause. Rund um den Globus werden Vorgärten und städtische Brachflächen umgegraben. Und die neue Generation von Gartenfreaks fragt nicht immer um Erlaubnis, an den unwahrscheinlichsten Orten entstehen über Nacht Gärten.

Die neuen Stadtgärtner wollen nicht nur das Budget schonen und sich und ihre Kinder gesund ernähren, sie verstehen ihre mit Hacke und Spaten eroberten Freiräume auch als politisches Statement. Eigenes Gemüse ist politisch korrekt, in jeder Hinsicht. Wer sich aus dem Garten versorgt, setzt ein Zeichen gegen die weltweit explodierenden Preise für Grundnahrungsmittel und die dadurch verursachte Not in der »Dritten Welt«, gegen die Abholzung der Regenwälder zwecks Nahrungsmittelproduktion und gegen die internationalen Großkonzerne, die das Saatgut immer stärker standardisieren und immer mehr Sorten in den Handel bringen, die man selbst nicht mehr vermehren kann.

Wenn wir »von der Hand in den Mund leben«, holen wir uns auch ein Stück Eigenverantwortung zurück. Zu leichtfertig haben wir in den letzten Jahrzehnten die Verantwortung für unser Essen an die globale Nahrungsmittelindustrie abgegeben. Und vor allem ist das eigene Biogemüse ein ökologisches Statement. Auf dem Balkon und im Hinterhof wird ohne Gift gegärtnert, und außerdem fallen durch die eigene Ernte unnötige Transporte weg. Warum Tomaten mit dem Lastwagen durch halb Europa karren, wenn sie doch bei uns auf dem Balkon auch wachsen? Ich brauche nicht das ganze Jahr Tomaten, vor allem, wenn sie schmecken wie aus Gummi.

Je frischer, desto süßer

Eigene Früchte sind ein kulinarisches Erlebnis. Noch warm von der Sonne und gleich gegessen, schmecken Tomaten, Himbeeren, Erdbeeren oder Pfirsiche besser als alles, was man kaufen kann,

SABINES TIPP

Nitrat senken

Salat und anderes Gemüse bildet weniger Nitrat, wenn es an der Sonne wächst. Salat aus dem Halbschatten ist weniger gesund. Auch dünge ich Salat nicht. Er braucht nicht viel Nährstoffe. Im Sommer ernte ich ihn jeweils morgens und bewahre ihn im Keller auf bis zum Abendessen. Am Morgen enthalten die Blätter deutlich weniger Nitrat als abends nach einem sonnigen Tag.

denn ihr Zuckeranteil ist am höchsten, wenn sie frisch geerntet werden. Aber je süßer ein Früchtchen, desto rascher beginnt es, sich nach der Ernte zu zersetzen. Richtig reife Feigen zum Beispiel kann man kaum je kaufen, denn sie würden faulen, bevor man sie nach Hause gebracht hat. Bei meinem Feigenbaum warte ich mit der Ernte jeweils, bis die süßen Früchte fast aufplatzen, dann sind sie am leckersten, und in diesem überreifen Zustand eingekocht, entsteht auch die beste Marmelade.

Etliche Gemüse enthalten ebenfalls einen hohen Zuckeranteil, junge Karotten, Zuckermais und Zuckererbsen zum Beispiel, aber auch Kohlrabi und Kürbisse. Besonders viel Zucker enthält die Kürbissorte 'Snow Delit', der auch unter dem Namen 'Yukigeshuo' gehandelt wird. In einem besonders warmen Sommer kann er einen Zuckeranteil von bis zu 18 Prozent erreichen, also ideal zum

Kuchenbacken oder um süßes Püree herzustellen. Auch der grün bleibende 'Houka Seiguri' schmeckt ausgesprochen süß.

Tomaten enthalten ebenfalls ordentlich viel Fruchtzucker. Zu den süßesten Sorten gehören die meisten Züchtungen der kleinen Cherrytomaten. Besonders 'Rosa Petticoat' und 'Rosa Ping Pong' sind für ihren süßen Geschmack bekannt. Einige »schwarze« Tomaten sind auch ausgesprochen süß oder die gelbe »Zitronentomate«. Fleischtomaten schmecken im Allgemeinen süßer als die gewöhnlichen runden Sorten.

Bei Erbsen und Mais ist es am auffälligsten, wie rasch sich der Fruchtzucker in Stärke umwandelt. Daher macht es Sinn, sie gleich ganz frisch zu essen. Schon nach wenigen Stunden schmecken sie mehliger, und nach einigen Tagen ist von ihrer ursprünglichen Süße nicht mehr viel übrig. Auch bei Roten Beten und sogar bei den Frühkartoffeln kann man gut feststellen, wie rasch sich Fruchtzucker in Stärke verwandelt. Ganz frisch geerntet und auf dem Feuer gebraten, schmecken sie am besten. Das gilt übrigens auch

für Pastinaken, die wir meistens nur in mehliger Form als Wintergemüse kennen. Frische Pastinaken aber schmecken tatsächlich süß! Ich mariniere sie jeweils in Olivenöl und brate sie zusammen mit Roten Beten, Karotten, Kartoffeln oder Kürbisstücken über dem offenen Feuer.

Wissen, woher das eigene Essen kommt

Ich wundere mich immer wieder, dass die sogenannten politisch korrekten Bionahrungsmittel aus sämtlichen Weltgegenden eingeflogen werden. Und das soll dann gut sein, um unser Gewissen zu beruhigen? So viele Flugmeilen, nur damit wir das Gefühl haben, etwas Gesundes zu essen? Aus ökologischer Hinsicht das Beste ist immer noch eigenes Gemüse, aus dem eigenen Garten. Hier entscheide ich selbst, wie viel »Bio« ich für notwendig halte und was ich mit meinen Schnecken mache, und vor allem entscheide ich selbst, wann welches Obst und Gemüse erntereif ist.

Und für die Gesundheit ist gartenfrisch geerntetes Gemüse sowieso das Beste, denn es enthält viel mehr Vitamine als gekühlte und gelagerte Ware. Auch enthalten alte Gemüsesorten oft mehr Vitamine als moderne Züchtungen. Diese wurden ja unter dem Aspekt ausgewählt, dass sie alle gleich groß werden, beim Transport nicht kaputtgehen und im Laden lange schön aussehen. Unregelmäßige, krumme Gurken aus Eigenanbau sind gesünder und vor allem auch lustiger als genormte aus dem Billigmarkt.

Aber vor allem können wir mit eigenem Gemüse wieder eine Beziehung zum Boden und zu den Kreisläufen der Natur gewinnen; das ist insbesondere für die Kinder wichtig, die sonst vor lauter Facebook nicht mehr wissen, wie eine Tomate wächst. Eine Kindergartenkollegin meiner Tochter meinte neulich, die Kartoffeln würden bei McDonald's in der Fabrik hergestellt. Sie fand es ein bisschen eklig, dass sie tatsächlich in der Erde wachsen! Ich erlebe gelegentlich Kinder, die es graust, Gartenerde anzufassen, weil sie den Humus für Dreck halten. Umso wichtiger also, dass wir Gemüsegärten zurück in die Stadt holen und die nächste Generation daran teilhaben lassen. Zum Glück gibt es immer mehr

Gemeinschaftsgärten, und auch entsprechende Projekte von Schulen finde ich sehr sinnvoll. Die Kinder essen eher Gemüse, wenn sie es selbst gezogen haben und außerdem stolz sind auf ihre eigene Ernte.

Die neuen Großstadtbauern

Auch wer nur einen Balkon hat, verlangt nun nach eigenem Gemüse. Die grüne Branche antwortete auf den Trend zur urbanen Selbstversorgung mit speziell gezüchtetem Balkongemüse und diversen Pflanzgefäßen, in denen sich auch auf Balkonen und Vorplätzen eigenes Gemüse anbauen lässt. Verschiedene Modelle

Bild 1: Gelbe Cherrytomaten sehen hübsch aus und schmecken sehr süß.
Bild 2: Braucht gute Erde und genug Dünger: junger Rotkohl.
Bild 3: Radieschen bilden auch im Balkonkistchen knackige Knollen, wenn die Erde gut angedrückt wird. In lockerem Substrat aber haben sie Mühe.

Die süßesten Gemüsesorten

- Petit-Pois-Erbsen 'Sugar Snap'
- Mangetout-Erbsen 'Sweet Horizon' oder 'Darf Sugar Sweet'
- Kohlrabi 'Delikatess Weißer'
- Karotten 'Sugarsnax 54 F_1' oder 'Sweet Candle F_1'
- Zuckermais 'Early Extra Sweet F_1'
- Rote Bete 'Bona'
- Kürbis 'Snow Delit' und 'Houka Seiguri'
- Cherrytomate 'Sungold' und 'Black Cherry'
- Pastinaken 'Tender and True'
- Zuckerwurzel (Sium sisarum)
- Tomate 'Ping Pong'

Kleine Selbstversorger

Bild 1: Frische Kartoffeln aus dem Garten schmecken vom Grill am besten.

Bild 2: Kartoffel wachsen auch in alten Autoreifen.

Bild 3: Glückliche Gartenhühner ohne große Ansprüche: Zwerg-Wyandotten.

von durchlässigen Säcken, die zum Teil speziell für den Anbau von Kartoffeln oder sogar von größeren mobilen Beeten entworfen wurden, sind im Handel erhältlich. Interessant sind auch die neueren Systeme zum vertikalen Anbau von Gemüse und Blumen. In bunten stapelbaren Töpfen wachsen Kräuter, Salate oder Sommerblumen etagenweise. Auch für hängende Erdbeersorten sind diese Systeme gut geeignet. Wer eine sonnige Balkonwand hat, kann dort Pflanztaschen aufhängen. Und in der Decke werden Haken verschraubt, an denen Hanging Baskets, die klassischen englischen Pflanzkörbe, übereinander und nebeneinander aufgehängt werden. So kann jedes Fleckchen Platz genutzt werden zum Ziehen von Salat, Kräutern und Balkonblumen.

Im Fachhandel und im Internet finden sich diverse Beispiele von originellen bis tatsächlich praktischen Erfindungen. Und man darf sich auch selbst etwas basteln oder eigene Pflanztaschen nähen. Alte Reissäcke eignen sich zum Beispiel gut, da sie robust und doch wasserdurchlässig sind.

Ein größeres Projekt ist die »Urban Farmers Box«, die in mehreren Städten der Schweiz aufgestellt wurde. Sie besteht aus einem alten Cargocontainer mit aufgebautem Gewächshaus und kann überall aufgebaut werden – vom Vorplatz bis zum Flachdach. Darin werden in einem geschlossenen Kreislauf sowohl Fisch wie Gemüse biologisch produziert. Eine einzige Box kann pro Saison bis zu 60 Kilo Fisch und 200 Kilo Gemüse liefern und stellt somit einen großen Beitrag an der Selbstversorgung in der Stadt dar. (www.urbanfarmers.ch)

Glückliche Stadthühner

Um die Frage gleich vorneweg zu klären: Bei mir war zuerst das Huhn da. Hühner lassen sich in einem kleinen Stadtgarten meist problemlos halten. Kaninchen zu halten ist auch möglich. Aber schlachten könnten wir sie nicht, weil die Kinder zu sehr an ihnen hängen, und Kaninchen legen ja eben keine Eier. Wenn die Zäune etwas solider wären, würde ich ein Schweinchen mästen. Aber wahrscheinlich wäre es dann so zahm, dass wir es auch nicht schlachten könnten. Dann also lieber Hühner. Die werden schnell zutraulich, wir behandeln sie wie Haustiere, und dass wir ihnen die Eier wegnehmen, tut ihnen wohl nicht wirklich weh.

Aber mit den eigenen Küken wollte es erst einmal nichts werden. Der Hahn, den ich zusammen mit fünf prächtigen lachsfarbenen Zwerg-Wyandotten-Hühnern kaufte, hat genau zweimal gekräht –

dann war er tot. Wobei er gar nicht so laut gekräht hatte. Er hat überhaupt nicht laut gekräht! Ein zaghaftes »Güggerigüüü«, als traute er seiner eigenen Stimme noch nicht recht. Beim ersten Ruf standen wir frühmorgens im Bett, der Güggel kräht! Nicht wegen der Lautstärke sind wir aufgesprungen, sondern vor Freude. Er war nicht mal halb so laut wie der Müllwagen, der am Montag in aller Früh durch unsere Quartierstraße donnert. Wenn ich wüsste, wer es war, würde ich dem Giftmischer einen Deal vorschlagen: Er lässt den nächsten Güggel leben, dafür kriegt er eine Packung Ohropax und eine wöchentliche Lieferung Eier.

Jedenfalls habe ich es dann noch einmal versucht. Der zweite Hahn war viel, viel lauter. Er krähte von morgens bis abends, aber er blieb am Leben. Wahrscheinlich lag es daran, dass er recht böse und sowieso misstrauisch war. Wehe, man streckte ihm die Hand entgegen! Mit den Hühnern aber verstand er sich bestens, er verteidigte und beschützte und begattete sie. Und da klappte es dann auch mit den Küken.

SABINES TIPP

Die besten Stadthühner

Zwerg-Wyandotten sind sehr legefreudig, sie werden schnell zahm und sind pflegeleicht. Sie fliegen kaum, sodass ein Zaun von eineinhalb Metern reicht, ohne dass die Flügel gestutzt werden müssen. Es gibt sie in vielen schönen Farben und in diversen faszinierenden Farbschlägen von silber-schwarz über lachsfarben, blau, rot, gelb, gestreift, goldhalsig bis zu braun-porzellanfarbig. Gezüchtet wurden sie ursprünglich vom Indianerstamm der Huronen.

»Man darf, aber
man muss nicht alles
selbst machen!«

SÄEN STATT KAUFEN

Im Februar regt sich bei uns Gartenmenschen langsam die Unruhe. Man möchte endlich wieder Erde zwischen den Fingern spüren, ein paar Samenkörner in Töpfchen vorziehen. Insbesondere Tomaten kann man schon jetzt »starten«, damit die Pflänzchen im Mai eine ordentliche Größe haben, wenn es warm genug ist, um sie im Freien weiter zu kultivieren. Für zu spät gesäte Tomaten reicht manchmal die Zeit nicht mehr, damit bis zum Ende des Sommers die Früchte reifen. Auch Erbsen ziehe ich gern auf der Fensterbank vor, da ich sie möglichst zeitig im Frühsommer ernten möchte. Feuerbohnen, Kapuzinerkresse und Sonnenblumen lassen sich ebenfalls gut in Töpfen im Haus vorziehen. Außerdem eignen sich diese Pflanzen alle auch gut als Sichtschutz für den Balkon. Praktisch für Anfänger ist, dass ihre Samen recht groß und handlich sind. Je nach Größe der Töpfchen drücke ich jeweils drei bis fünf Samenkörner in die Erde, mehr nicht. Auch bei kleineren Samen nicht zu viel auf einmal säen! Keinesfalls darf man den Inhalt einer ganzen Samentüte in ein winziges Töpfchen streuen, denn dann würden sich die auflaufenden Keimlinge nur gegenseitig ersticken. Wer trotzdem aus Versehen zu dicht gesät hat, muss die Keimlinge ausdünnen, sobald sie einige Zentimeter groß sind. Keimlinge von Kohlgewächsen verwende ich als Salatbeigabe.

SABINES TIPP

Egal was man sät, wichtig ist es, alles gut zu beschriften. In manchen Samentüten findet man dazu ein Etikett mit dem Namen der Saat, das man nur in die Erde steckt, was ich sehr praktisch finde. Ich bewahre zusätzlich auch alle verwendeten Samentüten in einer Schachtel auf. Nur so für den Fall, dass Freunde sich erkundigen oder man im nächsten Jahr nochmals dieselbe Sorte ziehen möchte.

Säen mit Augenmaß

Säen bedeutet zwar etwas mehr Arbeit, doch ganz nebenbei lernt man die Pflanzen besser verstehen. Auch das finanzielle Risiko ist geringer. Ein paar Samentüten kosten nicht viel, und einiges wird immer gedeihen. Alles natürlich nicht, das ist klar, es gedeiht nie alles, aber in diesem Fall macht das auch nichts, weil die Samen nicht allzu teuer sind. Ich gehe immer davon aus, dass etwa 50 % der Keimlinge auch wirklich gedeihen und zur Blüte kommen. Besser, man hegt nicht zu hohe Erwartungen, was besonders für Gartenneulinge gilt. Wenn die Hälfte der Pflänzchen wächst und gedeiht, ist das doch schon gut, und man kann zufrieden sein. Und natürlich lassen sich immer noch ein paar Setzlinge dazukaufen, falls mal was total schiefgegangen ist, Lücken zu füllen sind oder man gerade nicht die Muße hatte, sich rechtzeitig darum zu kümmern. Gärtnern soll kein Zwang sein, man darf, aber man muss nicht alles selber machen.

Augen auf beim Pflanzenkauf

Bei der Aussaaterde zu sparen käme mir genauso wenig in den Sinn, wie ich meiner Tochter Fast Food kaufen würde. Ich verwende immer nur die allerbeste, teuerste Aussaaterde, damit die Keimlinge einen guten Start haben. Und außerdem schwöre ich auf biologisches Saatgut – aus ihm wachsen gesunde Keimlinge und gesunde Pflanzen, die definitiv weniger Arbeit machen. Vor allem bereiten solche Pflanzen mehr Freude. Ich staune immer wieder über Hobbygärtner, die mir weismachen wollen, sie hätten keinen grünen Daumen. Bei genauerem Nachfragen stellt sich dann meist heraus, dass sie bei irgendwelchen Billiganbietern Jungpflanzen gekauft hatten, die in einem Lastwagen um die halbe Welt gekarrt worden waren und anschließend unter Neonröhren und im Durchzug als Sonderangebot herumstanden. Nein, solche Pflanzen gedeihen bei mir auch nicht, es ist reine Zeitverschwendung, sie aufpäppeln zu wollen. Aus solchen Setzlingen kann nie ein gesunder, knackiger Salat wachsen! Und vor allem schleppt man damit gleich zu Beginn der Saison allerhand Schädlinge und Pilze ein. Am schlimmsten sind diesbezüglich die Kräuter, die zu lange in einer Zellophanhülle verpackt waren – die ideale Brutstätte für Trauermücken und Botitis. Bei Jungpflanzen gilt: gute, frische Bioware kaufen, möglichst lokal und abgehärtet. Es gibt keine grünen oder nicht grünen Daumen. Jedoch gibt es gute und weniger gute Pflanzen zu kaufen, und vor allem gibt es die gute alte »gute Kinderstube«, inklusive viel liebevoller Zuwendung.

Ein warmes Beet für die jungen Pflanzen

Ja, und wie wird nun gesät? Die wichtigste Regel ist: Nicht alles auf einmal! Meist ist viel mehr in einer Samentüte drin, als man wirklich braucht. Lieber nur die Hälfte säen und den Rest verschenken oder aufbewahren. Ich finde es auch praktisch, mit Gartenfreundinnen angebrochene Samentüten zu tauschen. Es gibt aber auch Samen, von denen man im Lauf der Saison ziemlich viel braucht. Schnittsalate zum Beispiel sät man am besten alle paar Wochen neu aus, sodass die ganze Saison über frisches Grün für die Küche vorhanden ist. Auch Rucola, Basilikum und Koriander säe ich immer wieder frisch aus, weil es kurzlebige Pflanzen sind. Ich brauche sie auf und ziehe derweil neue. Kohlgewächse und Fenchel kann man schon früh im Jahr als Setzlinge kaufen und gleich auspflanzen. Sie eignen sich besonders für Anfänger und alle, die kein Gewächshaus haben. Wer sonnige Fenstersimse oder ein Gewächshaus und genügend Zeit hat, kann alles selbst ziehen.

Im April gesät werden die meisten Gemüse wie Randen, Erbsen, Kohlgewächse, Mangold, Pastinaken, Spinat, Radieschen und vieles mehr wie Salate. Auch Kartoffeln werden jetzt gepflanzt sowie Zwiebeln, falls man das nicht schon im Herbst erledigt hat. Kartoffeln zu pflanzen ist übrigens etwas vom Dankbarsten für Anfänger.

Eigentlich kann man dabei gar nichts falsch machen. Einfach die Knollen etwa eine Handbreit tief verbuddeln. Dann wachsen sie, egal, ob man sich um sie kümmert oder nicht. Wenn sich das Laub zeigt, kann man sie etwas anhäufeln. Dann bilden sich mehr Knollen. Und wenn der Boden sehr schlecht ist, kann man übrigens auch eine Rinne ausheben, die Kartoffeln hineinlegen und mit Kompost auffüllen. Dann muss nicht das ganze Beet umgegraben werden. Derselbe Trick funktioniert auch für Direktsaaten: Schmale Rinnen ziehen und mit Aussaaterde füllen, dann sieht man auch gleich, wo die Saaten sind und wo das Unkraut.

Einzig wärmeliebende Pflanzen, insbesondere Bohnen, können erst im Mai nach den Eisheiligen gesät werden. Auch Kürbisse und Zucchini vertragen keine Kälte. Sie werden in Töpfchen auf dem Fenstersims vorgezogen und sollten schon ein paar Blätter haben, wenn man sie im Mai ins Freiland pflanzt. Da besonders Schnecken sie sehr lieben, sammle ich frühzeitig leere Kunststoffflaschen. Diese schneide ich dann in zwanzig Zentimeter hohe Ringe und versehe jedes junge Pflänzchen mit einem solchen Plastikkragen. Auch für Sonnenblumen ist das eine große Hilfe. Kostet nichts und hilft enorm!

Eigenes Saatgut sammeln

Pflanzen, die sich leicht versamen, überlasse ich sich selbst. Beim Gemüse sind das insbesondere der Feldsalat und der mehrjährige Rucola. Aber auch Sauerampfer und Rote Melde oder der Baumspinat tauchen gerne von alleine hier und dort auf. Und alte Sorten der Cherry-Tomaten kommen eigentlich immer im nächsten

Bild links: Die ersten Salate werden im Frühling mit Glasglocken vor kalten Nächten (und vor den Schnecken!) geschützt.
Bild 1: Einen Frühbeetkasten kann man leicht aus Sperrmüll selbst bauen.
Bild 2: Breite Bohnen (Puffbohnen) werden schon zeitig im Frühjahr direkt aufs Beet gesät.

Jahr wieder, so man einige Früchte liegen lässt. Auch Avocados, Nüsse und Mandeln sind bei mir schon gewachsen, weil ich Kerne auf den Kompost geworfen hatte. Die meisten Gemüse zieht man aber besser in Schalen vor, wo sie auch vor Schnecken sicher sind. Sind die Beete stark verkrautet, ist es außerdem übersichtlicher, die Saaten in Schalen vorzuziehen und dann erst die jungen Setzlinge auf das frisch gejätete Beet zu pflanzen.

Aber nicht jede Pflanze kann man selbst aus Samen ziehen. F_1- oder F_2-Hybriden lassen sich im Prinzip nicht selbst vermehren. Man kann sie auch aussäen, und vielleicht wächst auch die eine oder andere Pflanze, aber sie wird nicht aussehen wie die Mutterpflanze, und wahrscheinlich wird sie auch nicht die begehrten Tomaten oder die großen bunten Blüten tragen, die man sich gewünscht hat. Bei den F_1-Hybriden handelt es sich nämlich um mischerbige Pflanzen. Sie verfügen oft über bessere Eigenschaften als ihre Eltern, tragen schönere Blüten oder größere Früchte. F_1-Hybriden entstehen aus einer gezielten Kreuzung von zwei verschiedenen F_2-Hybriden. Aber da wir nicht wissen, welche Partner genau gekreuzt wurden, um einen bestimmten F_1-Hybriden zu züchten, bleibt uns nichts anderes übrig, als von solchen Sorten jedes Jahr neue Samen zu kaufen. Und die sind eben auch teurer als herkömmliche Samen, weil die Züchtung recht aufwendig ist. Wer im größeren Stil eigenes Gemüse vermehren will, sollte auch auf Fremd- und Selbstbefruchter und das Problem der Verkreuzung achten. Dies sind Mischungen aus verschiedenen Typen, die andere Eigenschaften aufweisen als die Elternsorten.

Regionale Sorten erhalten

In den letzten Jahren wurden viele kleine Züchterbetriebe von internationalen Großkonzernen aufgekauft. Die Folge war eine starke Reduzierung des Sortiments, nur die kurzfristig rentabelsten Sorten werden noch angeboten. Wertvolle historische Pflanzensammlungen und Samenbanken werden dabei zugunsten der kurzfristigen Gewinnmaximierung aufgegeben. Gentechnisch veränderte Pflanzen und Hybridzüchtungen, die sich nicht mehr selbst vermehren lassen, verdrängen die bewährten alten Sorten vom Markt. Viele dieser »optimierten« Pflanzen erfordern den Einsatz von Dünger und chemischen Mitteln, was zwar den großen Konzernen enorme Gewinne bringt, insbesondere in der Landwirtschaft aber in vielerlei Hinsicht problematisch ist und einen Teufelskreis in Gang setzt. Im Lauf der Zeit werden in der Folge sowohl die Bauern als auch Privatgärtner immer abhängiger von den großen Konzernen. Die Konsequenzen zeigen sich oft erst später oder wenn es bereits zu spät ist. Ausgelaugte Böden und Ernteausfälle gehören dazu.

Was in letzter Konsequenz geschehen kann, lehrt uns ein Blick in die Geschichtsbücher: In Irland starben während der großen Hungersnot im 19. Jahrhundert eine Million Menschen, zwei Millionen mussten auswandern. In ganz Irland wurden damals nur zwei Sorten Kartoffeln angebaut, die beide anfällig für die gleiche Pilzerkrankung waren. Da über viele Jahre hinweg Monokultur betrieben wurde, konnten sich die Pilzsporen so lange ungehemmt vermehren, bis sie auf einen Schlag die gesamte Ernte vernichtet hatten. Heute wüsste man es eigentlich besser. Aber in der Landwirtschaft wird weiterhin großflächig Monokultur betrieben, die mit immer mehr Chemie aufrechterhalten wird. Die Züchter liefern sich dabei einen Wettlauf mit Bakterien und Viren und bringen jedes Jahr neue, resistentere Sorten auf den Markt. Aber auch die Schädlinge liegen nicht auf der faulen Haut. Oft muss deshalb auf alte Sorten zurückgegriffen werden, um deren resistente Eigenschaften wieder einzukreuzen – so diese überhaupt noch vorhanden sind und nicht bereits ausgemustert wurden.

In der Schweiz nimmt sich beispielsweise die Pro Specie Rara der Erhaltung und des Schutzes alter Nutzpflanzensorten an, in Österreich die Arche Noah. Beiden Organisationen geht es in erster Linie darum, die alten Sorten samt Saatgut, das ideal an die regionalen Klimabedingungen angepasst ist und von Generation zu Generation weitergegeben wurde, zu erhalten. Es geht letztendlich um die Freiheit, unsere eigenen Pflanzen weiterhin selbst vermehren zu können. Vor allem aber geht es um die Erhaltung der biologischen Vielfalt, von der langfristig unser Leben abhängt. Doch die Großkonzerne züchten absichtlich sterile Pflanzen, die nicht vermehrt werden können. Dies dient einzig dem Zweck, ihre wirtschaftlichen Gewinne zu maximieren. Zum Glück gibt es wachsame Gegenstimmen.

Die indische Forscherin Vanada Shiva, die für ihre Arbeit den Alternativen Nobelpreis erhielt, setzt sich insbesondere gegen die Agrartechnik und Patentierung der genetischen Ressourcen in der »Dritten Welt« ein. In ganz Indien hat sie Saatgutbanken aufgebaut, um lokal angepasste traditionelle Kulturpflanzen zu retten und so die Unabhängigkeit der Kleinbauern zu bewahren.

Bild 1: Das Eiskraut (Mesembryanthe-mum crystallinum) ist eine Sukkulente mit großen fleischigen Blättern, die sehr delikat und leicht salzig schmecken.

Bild 2: Der Erdbeerspinat (Chenopodium foliosum) hat essbare Blätter und dekorative Beeren, die leicht süß schmecken.

Bild 3: Die alte Rote Bete-Sorte 'Chioggia' verliert beim Kochen die Streifen. Aber wenn sie in Olivenöl gebacken wird, bleiben die Farben intakt!

»Erstaunlich, wie viel Gemüse die kleinen Beete hergeben!«

HOCH LEBEN DIE BEETE!

Sie sind das Beste, was ich je in einem Garten gemacht habe: vier Hochbeetchen, jeweils eins zwanzig auf eins zwanzig, aus einfachen handbreiten Tannenbrettern gezimmert und mit guter Gartenerde und Kompost aufgefüllt. Ich habe sie vor acht Jahren gebaut, und sie stehen immer noch. Da ich das Holz anfangs nicht behandelt hatte, ist es ziemlich verwittert, was ihm aber auch einen gewissen Charme verleiht. Im letzten Frühjahr habe ich die Bretter mit weißer Lasur behandelt und sie mit größeren Winkeleisen neu verschraubt. So halten sie bestimmt weitere acht Jahre!

Hochbeete sind genial, insbesondere für kleine Gärten, mit etwas höheren Seitenwänden kann man sie auch auf einer Terrasse oder auf einem asphaltierten Vorplatz installieren. Die meisten Gemüse kommen bereits mit dreißig Zentimeter tiefer Erde bestens zurecht. Für Salat reichen schon fünfzehn Zentimeter, nur muss man dann öfter gießen.

Auf den Hochbeeten habe ich keine Schnecken, kaum Unkraut, und das Ganze ist schön geordnet und überschaubar. Vor allem haben die Hochbeete den Vorteil, dass sich die Erde rascher erwärmt und das Gemüse umso besser wächst. Insbesondere Cherrytomaten und Basilikum fühlen sich dort wohl. Wer das ganze Jahr über Salat ernten möchte, der plane noch ein zusätzliches Hochbeet, das etwas höher ist und mit alten Fensterscheiben abgedeckt werden kann. Und schon hat man einen Frühbeetkasten, der den ganzen Winter über frisches Grün für die Küche liefert. Der klassische Trick mit dem Frühbeetkasten ist der, dass man die untere Hälfte mit halb verrottetem Kompost oder Mist füllt, der beim Zersetzen zusätzlich Wärme freisetzt und das Beet heizt.

Meine grüne Schatztruhe

Ich staune immer wieder, wie viel Gemüse und Salat meine vier kleinen Hochbeete tatsächlich hergeben. Ich habe Puffbohnen geerntet und zarten Weißkohl, ich habe Spinat geerntet und Rucola und Kohlrabi, junge Virgules-Kartoffeln und rote Lötschentaler. Und natürlich jede Menge Salat, Petersilie und Schnittlauch, wovon man auch nie genug haben kann. Den Erdbeeren gefällt es besonders gut auf den warmen Beeten, sehr zur Freude meiner Tochter. Die süßen, (fast) immertragenden 'Mara des Bois' sind der Hauptgrund, warum sie mir so gern im Gärtchen hilft. Die kleinen Hochbeete funktionieren so, dass ich dort, wo ich etwas geerntet habe, sofort etwas Neues säe. Im Sommer wird dann recht viel Platz frei, wenn ich die Kartoffeln ausgrabe. Zeit also, meine Schatztruhe durchzugehen, ein Holzkistchen, in dem ich meine Samentüten horte, und zu schauen, was sich Ende Juli noch säen lässt. Winterspinat, Rucola und Schnittsalat kommen infrage. Bockshornklee, den ich als frisches Kraut für meine Currys brauche. Und Feldsalat, er ist ein Muss, wenn man Hühner hält. Was gibt es im November Besseres als Feldsalat mit Speck, gerösteten Croutons und frischen Eiern von den eigenen Hühnern! Den roten Federkohl, der bald abgelaufen ist, säe ich ebenfalls aus, das ist zwar etwas riskant im Spätsommer, doch in einem milden Winter hat er sehr gute Chancen zu überleben. Einen Versuch ist es

SABINES TIPP

Auch Blätter schmecken

Warum immer warten, bis das Gemüse erntereif ist? Von vielen Sorten kann man auch schon junge Blätter ernten.

- Erbsen: die Triebspitzen als Salatbeigabe
- Puffbohnen: die Triebspitzen (muss man aber kochen!)
- Krautstiele: junge Blätter als Salatbeigabe
- Federkohl: junge Blätter im Wok dünsten
- Borretsch: Blätter wie Spinat kochen
- Fenchel: Kraut zum Würzen

allemal wert. Zudem schmecken die jungen Blätter ganz gut als Beigabe für ein asiatisches Wokgericht. Überhaupt kann man viele Gemüsepflanzen ernten, wenn sie noch jung sind, das gilt zum Beispiel auch für Mangold. Die jungen zarten Blättchen eignen sich hervorragend als Salatbeigabe. Deswegen brauche ich die Samenreste lieber bis zum Ende des Sommer auf und ernte dafür im Herbst zarte kleine Blättchen, als dass ich die Samen später wegwerfen muss.

Wer Hochbeete besonders effizient und pflegeleicht gestalten will, kann den Boden vor dem Einfüllen der Erde mit einem wasserdurchlässigen Vlies abdecken, sodass kein Wildwuchs hochkommt. Höhere Beete können mit gehäckselten Ästen und halb verrottetem Kompost gefüllt werden, auf den dann eine Erdschicht kommt. Dieser gibt bei der Zersetzung Wärme ab, und das Gemüse gedeiht dadurch schneller. Mit der Zeit sinkt der Boden dann etwas ein, und neuer Kompost muss auf die Beete geschaufelt werden. Überhaupt wird bei den Hochbeeten jeweils im Win-ter eine Schicht neuer Kompost aufgelegt, da das Gemüse beim Wachsen viel Nahrung aus dem Boden zieht. Idealerweise sind die Hochbeete aber unten offen, sodass Würmer und Mikroorganismen die Erde besiedeln können und überschüssiges Wasser ablaufen kann. Umgegraben wird nicht, um das Bodenleben zu schonen. Das übernehmen dann die Regenwürmer.

Wenn in einem Garten Wühlmäuse vorhanden sind, sollten die Hochbeete jedoch am Boden mit einem Gitter aus Hühnerdraht gesichert werden. So können Würmer und andere nützliche Gartenhelfer ins Hochbeet gelangen, aber die Mäuse haben keine Chance, an die begehrten Wurzeln zu gelangen.

Der Fassgarten

Mein Nachbar hat mir einmal zum Geburtstag ein altes Ölfass geschenkt – eines der besten Geschenke, das ich je erhalten habe. Es war ein kalter Februarabend, und wir hatten einige Dut-

zend Freunde eingeladen. Da kam der Nachbar mit dem alten Ölfass. Er brachte auch Holz mit und entfachte darin ein großes Feuer. Es war so gemütlich, wie wir in jener eisigen Nacht um das knisternde Feuer herumstanden, die Funken schienen bis in den Sternenhimmel zu sprühen. Und danach war das Fass von der Glut schön schwarz. Als der Frühling kam, beschloss ich, es zu bepflanzen – zumal ich mich nun an den Anblick des verkohlten Fasses auf dem Vorplatz gewöhnt hatte. Es sah so aus, als hätte es dort schon immer im Kies gestanden und als gehörte es wie selbstverständlich hierher. Ich drehte das Fass um und schlug Abzugslöcher in seinen Boden. Dann füllte ich die untere Hälfte mit Zweigen und anderen Gartenabfällen, die noch vom Herbst herumlagen. In die obere Hälfte schaufelte ich gute Gartenerde.

Da unser Vorplatz sonnig ist und die Erde in dem schwarzen Fass ordentlich heiß werden würde, entschied ich mich für mediterrane Kräuter und setzte in die Mitte je eine Chilipflanze, eine Peperoni und eine Cherrytomate. Dafür wählte ich die neuen kleinwüchsigen Balkonsorten, da sie doch recht dicht beisammenstehen würden. Die unteren Blätter entfernte ich jeweils, sodass die darunter wachsenden Kräuter etwas mehr Licht und Luft hatten. Thymian, Majoran, Salbei und Rosmarin fühlten sich ausgesprochen wohl an ihrem neuen Ort. Da ich noch einige weiße Petunien übrig hatte, pflanzte ich diese zwischen die Kräuter. Das sah hübsch aus, wie sich im Sommer ihr Blütenflor über den Rand des schwarzen Fasses ergoss. Von den Chilis konnte ich eine ganze Handvoll ernten und auch etliche reife Peperoni. Die eine Cherrytomate im Fass aber gab mir ein Rätsel auf. Es war die einzige Pflanze aus einer größeren Serie, die niemals reife Früchte zu tragen schien. Irgendwann stieß ich dann per Zufall auf des Rätsels Lösung, als ich eine einzelne reife Tomate fand und diese meiner Tochter zeigte. »Meine Geheimtomaten!«, rief sie und begann zu weinen, weil ich ihr süßes Geheimnis entdeckt hatte. Wir haben uns dann darauf geeinigt, dass ich halt wegschaue, wenn sie Tomaten schmausen geht. Offenbar schmecken Tomaten heimlich gepflückt noch viel besser! Außerdem ist es mir recht, wenn meine Tochter im Garten nascht, so kriegt sie ihre Vitamine auch, und ich muss am Tisch nicht ständig darauf achten, dass sie genug Gemüse isst.

Bild links: In einem alten Ölfass gedeihen mediterrane Kräuter, Petunien und Cherrytomaten.
Bild rechts: Hier fühlen sich Pflanzen, Tiere und Menschen wohl: eine wilde Mischung aus Sonnenblumen und Gemüse.

Klassischer Vierjahresrhythmus

Wer mit Beeten arbeitet, muss sehr darauf achten, dass dieselben Gemüse möglichst von Jahr zu Jahr und nicht an derselben Stelle gepflanzt werden. Die Folge wäre, dass der Boden einseitig ausgelaugt wird und spezifische Krankheitserreger sich im Lauf der Zeit darin anreichern.

Klassischerweise wird der Gemüsegarten in vier Beete unterteilt, die in einem Vierjahresrhythmus bepflanzt werden. Diese Rotation hilft, die Fruchtbarkeit des Bodens zu erhalten.
Im klassischen Selbstversorgergarten nach John Seymour werden die Beete folgendermaßen bebaut:
- Im ersten Jahr kommt Mist auf das Beet, dann werden Kartoffeln gepflanzt. Sobald die Kartoffen geerntet sind, wird Gründünger gesät, den man gegen Ende der Saison untergräbt.
- Im zweiten Jahr kommt Kalk auf den Boden, anschließend werden Bohnen, Erbsen und andere Leguminosen gesät. Abgeerntete Reihen bepflanzt man mit Setzlingen von Winterkohl.

- Im dritten Jahr gehört das Beet ganz den Kohlarten. Nun gedeiht auf dem Beet eine Mischung aus Salaten, Zwiebeln und Tomaten. Diese schätzen eine Mulchschicht aus reifem Kompost.
- Im vierten Jahr kommen dann die Wurzelgemüse auf das Beet, diese holen sich ihre Nährstoffe tief aus dem Boden. Wer genug Platz hat, überlässt das Beet danach für ein Jahr dem Gründünger. Und dann beginnt der Zyklus wieder von vorn.

Das mag kompliziert und aufwendig klingen, ist aber eine der wenigen altüberlieferten Gärtnerregeln, die wirklich Sinn machen und in der Form auch funktionieren. Ich handhabe es so, dass ich die Regeln der Rotation nur dem Grundsatz nach befolge und dann jeweils improvisiere, da ich sowieso Lücken immer noch spontan mit schnell wachsenden Pflanzen fülle. Aber Kohlsorten zusammen zu pflanzen macht insofern Sinn, als ein Netz über das ganze Beet gespannt werden kann, das die Kohlweißlinge an der Eiablage hindert. Manchmal säe ich an den Rand noch Karotten, so sind sie gleich vor den Möhrenfliegen geschützt. Und die Kartoffeln gemeinsam zu pflanzen macht ebenfalls Sinn, weil bei der Ernte ziemlich tief umgegraben werden muss und alles andere dabei Schaden nehmen würde. Bei der Kartoffelernte wird nebenbei auch der Mist gut untergebracht, und danach muss man das Beet nicht mehr umgraben.

Mischkultur

Die Mischkultur basiert auf altem Wissen aus Klostergärten. Vieles mag daran kompliziert erscheinen, aber im Grundsatz ist es richtig. Man muss die Regeln nicht streng befolgen, es hilft jedoch, ein bisschen eine Ahnung davon zu haben. Das Prinzip ist einfach und logisch: Pflanzen, die sich über und unter der Erde ergänzen und deren Wurzeln, Blätter und Früchte sich nicht gegenseitig behindern, können zusammen gezogen werden. Karotten, Rote Bete oder Pastinaken, deren Wurzeln viel Raum in der Tiefe einnehmen, werden mit flach wurzelnden Pflanzen, wie Lauch oder Zwiebeln, die an der Erdoberfläche gedeihen, kombiniert oder essbare Blüten wie Kapuziner oder Ringelblumen werden dazugesät. Zwischen frisch gepflanzten Kartoffeln können noch Kresse, Rucola oder Portulak wachsen, die längst geerntet sind, wenn das Laub der Kartoffeln größer wird. Mit Pflanzen, die unterschiedlich tief wurzeln, ermüdet der Boden weniger schnell. Auch Pflanzen mit unterschiedlichen Nährstoffbedürfnissen ergänzen einander. Zwischen hungrige Kohlarten pflanze ich also bescheidenen Salat oder Spinat. Um Platz zu sparen, säe ich zwischen langsam wachsende Gemüse noch etwas Schnittsalat, japanische Salate oder Radieschen, die dann geerntet werden können, wenn Rosenkohl und Brokkoli mehr Raum beanspruchen. Zwischen den jungen Maispflanzen gedeihen Rote Beten, die längst reif sind, wenn der

Mais größer wird. Bohnen, Kürbisse und Zucchini können anfangs noch von schnell wachsenden Salaten begleitet werden. Oder man pflanzt Kapuziner und Ringelblumen dazwischen, die dann mit den Riesen zusammen über das Beet wuchern. Wenn jedes Fleckchen Erde bepflanzt ist, gedeiht auch weniger Unkraut, und das Wasser verdunstet nicht so schnell.

Schattengemüse und Salate

Eine der größten Herausforderungen für Gemüsegärtner ist der Schatten. Die meisten Früchte und Gemüse brauchen ziemlich viel Sonne, um gut zu gedeihen. Insbesondere Kopfsalat sollte immer in der Sonne wachsen, weil er sonst zu viel Nitrat bildet. Im Halbschatten lassen sich jedoch etliche Kräuter, Salate und auch Gemüse ziehen, beispielsweise Radieschen, Frühlingszwiebeln und Schnittsalate. Auch Sommerkohl und Wirsing kommen im leichten Halbschatten meist noch zurecht. Mangold, der in vielen hübschen Farben erhältlich ist, braucht auch nicht so viel Sonne. Im Halbschatten wird er oft sogar saftiger. Himbeeren und

kleine immertragende Erdbeeren sind eigentlich Waldrandpflanzen, auch ihnen genügt Halbschatten. Topinambur gedeiht sogar bestens im Halbschatten, ebenso wie Knollenziest. Beide wachsen so gut wie überall, bilden aber im Halbschatten die saftigeren Knollen. Rhabarber fühlt sich im Halbschatten ebenfalls wohl.

Um Baumschatten zu reduzieren, kann man von großen Bäumen einige Äste heraussägen. Oder von zu dicht stehenden Büschen und Bäumen vielleicht jeden zweiten entfernen, was natürlich mit dem Besitzer abgesprochen werden muss. Mit etwas Glück und Gespür lässt sich auf diesem Weg dichter Schatten zumindest in lichten Halbschatten verwandeln.

Bild 1: Schwarzer Palmkohl aus der Toskana (»Cavolo Nero«).
Bild 2: Zarte Puffbohnen sind eine Delikatesse.
Bild 3: Kohlrabi schmeckt nie besser als frisch im Garten geerntet.

Klassische Pflanzenkombinationen

- Basilikum neben Tomaten und Kohl hilft gegen Mehltau.
- Petersilie ist ein guter Begleiter zu Tomaten.
- Bohnenkraut neben Bohnen fördert ihr Wachstum und vertreibt Läuse.
- Dank Kümmel wachsen Kartoffeln, Gurken und Kohl besser.
- Kapuzinerkresse und Tagetes vertreiben mit ihrem Geruch Kohlweißlinge.
- Dill passt gut zu Karotten, da sein Geruch die Karottenfliegen verwirrt, außerdem fördert er die Keimfähigkeit der langsamen Karottensamen.
- Knoblauch hält Schädlinge von Erdbeeren, Himbeeren und Obstbäumen fern.

»Feurigroter Mangold bringt Stimmung ins Gemüsebeet.«

MEINE LIEBLINGSSORTEN

Was man nicht ziehen sollte: alles, was man eh nicht gern isst. Pflanzen, die sehr viel Arbeitsaufwand erfordern, außer man hat zu viel Zeit. Pflanzen, die nur unzuverlässig gedeihen und anfällig für Krankheiten und Schädlinge sind, was aber je nach Garten und Region variieren kann. Alles, was sich in der Vergangenheit in meinem Garten nicht bewährt hat, was nicht heißt, dass man es nach einigen Jahren nicht noch einmal probieren kann. Aber wenn zum Beispiel die Karotten in meinem schweren Boden partout nicht wachsen wollen, dann sollen sie es doch bleiben lassen. So hat jeder mit der Zeit seine eigene »schwarze Liste« der Pflanzen, die im Garten nicht so recht wollen. Ich habe beispielsweise etwas Mühe, schöne Zwiebeln zu ziehen, also kaufe ich sie. Sie kosten nicht viel im Laden und schmecken gekauft auch ganz gut.

Den Platz spare ich lieber für Gemüse, das mir mehr am Herzen liegt und das in meinem Garten auch gut gedeiht. Konkret sind das Arten, die gemeinhin als schwierig gelten, wie etwa Blumenkohl oder Spinat. Blumenkohl gilt in vielen Gärten als heikler Kandidat, da kann allerlei schiefgehen. Auch Spinat kann leicht aufschießen, wenn es einmal zu warm ist. Knollensellerie ist ein weiteres recht schwierig zu kultivierendes Gemüse. Ich habe damit noch nie Glück gehabt und ziehe es vor, stattdessen Stangensellerie zu pflanzen, der noch in jedem meiner Gärten problemlos gewachsen ist. Auch Fenchel hat den Hang zum Aufschießen. Mich stört das aber nicht, da ich die Blüten ganz gut für Blumensträuße verwenden kann. Und auch das Kraut von aufgeschossenem Fenchel ist ein brauchbares Gewürz in der Küche.

Interessiert mich die Bohne!

Kürbisse ziehen macht Spaß, aber wenn nur wenig Platz vorhanden ist, kann man sie auch kaufen, denn Kürbisse lassen sich gut transportieren und lagern, und die gekauften schmecken kaum anders als die selbst gezogenen, vorausgesetzt, man wählt gute Speisekürbisse und nicht die riesigen Exemplare für die Halloween-Laternen.

Worauf ich in meinem Garten nicht verzichte, sind Erbsen und Bohnen. Erbsen schmecken nie besser, als wenn sie ganz frisch

SABINES TIPP

Gemüse senkt Cholesterin

Manche Gemüse sind die reinsten Apotheken. Insbesondere Knoblauch, aber auch Lauch, Auberginen sowie Erbsen, Bohnen, Weizenkleie und indische Flohsamen sind mindestens so wirksam wie die gängigen Medikamente. Diese Gesundheitsgemüse senken schädliches Cholesterin und auch den Blutzuckerspiegel.

geerntet sind. Und bei den Bohnen ist es so, dass mich die schiere Vielfalt dazu verleitet, jedes Jahr diverse neue Sorten zu säen – von den Puffbohnen über die kleinen Buschbohnen bis hin zu riesigen rankenden Feuerbohnen. Ich habe einen regelrechten Bohnentick. Außer dass sie anfangs oft von Läusen befallen werden, machen Bohnen bei mir kaum Probleme. Und vor allem mag ich den Anblick von Erbsen, die an Zweigen emporranken. Ihr frisches Grün ist eine feine Salatbeigabe.

Ich liebe riesige Tipis voller weißer oder roter Bohnenblüten. Manchmal schlage ich auch bunt bemalte Dachlatten in den Boden und lasse die Stangenbohnen daran hochwachsen. Ein altes Weinflaschengestell dient mir ebenfalls als Kletterhilfe. Wird ein ganzer Zaun mit Feuerbohnen berankt, hat man viel mehr Bohnen, als man essen kann. Aus den verdorrten Ranken winde ich im Herbst große Kränze. Von den Feuerbohnen schätze ich besonders die Sorte 'Painted Lady' mit ihren rot-weißen Blüten. Eine wuchsfreudige Schönheit, vor allem zusammen mit blauen Trichterwinden. In der Küche verwende ich lieber die grünen und gelben Posthörnchen-Bohnen, denn sie sind fadenfrei und zart. Vor allem aber lassen sich diese alten Sorten über einen langen Zeitraum beernten – ideal also für den kleinen Haushalt. Puffbohnen, auch Dicke Bohnen genannt, mag ich ebenfalls sehr. Um die Läuse etwas in Schranken zu halten, breche ich jeweils die stark befallenen Triebspitzen weg. Eine schwarze Puffbohnensorte aus dem Wallis, die alte Lötschentaler Bohne, ähnelt ein bisschen den braunen Bohnen, aus denen in der nordafrikanischen Küche Falafel hergestellt wird. Ich habe es einmal ausprobiert und fand es gar zeitaufwendig, die Bohnenkerne zu schälen. Und mit Schale lassen sie sich nicht pürieren. Eine geniale alte Sorte ist hingegen die Klosterfrauen-Bohne, eine Klettersorte aus der Schweiz, die als sogenannte Zwiebohne gilt. Denn sie hat einen doppelten Nut-

zen: Zarte junge Bohnen werden frisch gekocht, und was übrig bleibt, wird später getrocknet und als Körnerbohnen eingeweicht und gekocht.

Mein Gute-Laune-Gemüse

Aus gesundheitlichen Gründen sollte man möglichst viele verschiedene Kräuter und Gemüse essen, denn die Mischung macht's. Wir brauchen nicht einfach nur Vitamin C. Wir brauchen eine komplexe Mischung von diversen Vitaminen und Mineralien. Je vielfältiger wir uns ernähren, desto mehr hat der Körper die Chance, sich selbst gesund zu halten.

Einige Gemüse wirken sich besonders positiv auf unsere Gesundheit aus und hellen auch die Stimmung auf. Tomaten enthalten diverse Vitamine und sind ein wahres Gesundheitsgemüse, sie halten jung und helfen Krebs vorzubeugen. Und natürlich sind Peperoni, Chili, Zwiebeln und Knoblauch gute Stärkungsmittel, sie beleben und regen uns an. Der Fuchsschwanz (Amaranth) ent-

hält viel Eisen, ebenso wie Rote Bete und Mangold, sie alle wirken blutbildend und spenden Lebenskraft. Auch Knollenziest ist ein wirkungsvolles Gesundheitstonikum. Er schmeckt nicht nur lecker, sondern hilft auch bei Nervosität und sorgt für gute Laune. Sellerie stärkt die Nerven, Pastinaken gelten als Stärkungsmittel, zumal sie einen höheren Nährwert besitzen als Karotten. Auberginen regen Appetit und Verdauung an. Alle Kohlarten wie auch Brokkoli und Blumenkohl enthalten diverse heilsame Wirkstoffe. Im Volksmund wird der Kohl denn auch »die Apotheke der Armen« genannt. Von kräftigenden Suppen über die Saftkur bis zu Kohlwickeln reicht die Anwendung. Auch dem Fenchel werden wahre Wunderdinge nachgesagt. Er soll himmlisches Feuer, Geistesklarheit, Erfolg und Hellsichtigkeit verleihen. Vor allem aber beruhigt er den Magen und die Nerven.

Samen von den besten Sorten aufheben

Bei der Sortenwahl der Gemüse achte ich stets darauf, dass sie nicht alle gleichzeitig reif werden, denn ich möchte immer wieder ein wenig ernten und nicht zu viel auf einmal. Alte und regionale Spezialitäten haben oft die Eigenschaft, dass ihre Früchte nicht alle zusammen reifen. Neue Züchtungen hingegen werden häufig für den kommerziellen Anbau geschaffen, wo alles gleichzeitig geerntet werden soll.

Bild 1: Fenchel hilft bei diversen Verstimmungen und beruhigt Magen und Nerven gleichermaßen.
Bild 2: Auberginen können wie Tomaten oder Peperoni auch auf einem sonnigen Balkon wachsen.

RESISTENTE GEMÜSESORTEN

Frei von Gift und zugleich frei von Problemen? Manche neue Züchtungen scheinen das Unmögliche möglich zu machen.

- Supersalat: 'Dynamite' ist der erste Kopfsalat, der gegen die Grüne Blattlaus resistent ist. Außerdem ist er resistent gegen Wurzelläuse und Falschen Mehltau sowie tolerant gegen viele Viren.
- Gegen Kohlhernie weitgehend resistent ist der Blumenkohl 'Clapton F_1'.
- Die Karottensorten 'Decora' und 'Nantaise' sind weitgehend gegen Krankheiten und Schädlinge resistent. Von den Möhrenfliegen verschont wird insbesondere die Züchtung 'Resistafly F_1'.
- Chinakohl 'Chorus F_1' sowie der Federkohl 'Halbhoher Grün' sind resistent gegen die Kohlhernie.
- Der Rotkohl 'Dänischer Steinkopf' und der Weißkohl 'Amager' sind weitgehend resistent gegen Schädlinge und Krankheiten.
- Die Radieschen-Sorte 'Pernot' ist weitgehend unempfindlich gegen Schädlinge und Krankheiten.

- Die Buschbohne 'Alexandra' ist resistent gegen Bohnenrost. 'Valdor' ist zudem auch resistent gegen diverse Viren und Fleckenkrankheiten.
- Die Markerbse 'Ambassador' ist resistent gegen Echten Mehltau sowie gegen diverse Pilze und Viren.
- Die Salatgurke 'Burpee Hybrid II' ist resistent gegen echten Mehltau und gegen das Gurkenmosaikvirus.

Im Biogarten ist es sinnvoll, auf möglichst resistente Sorten zu achten, da sie ja nicht gespritzt werden dürfen. Resistente Pflanzen findet man jedoch meistens eher bei den neuen Züchtungen. Letztlich gilt es, einen Kompromiss zu machen und für den eigenen Garten herauszufinden, was sich im Einzelfall am besten bewährt. Von einigen alten Tomatensorten, die ich besonders mag, und sowieso von den seltenen Bohnensorten trockne ich immer Samen und bewahre sie auf für das nächste Jahr.

Mehrjähriges Gemüse für Faule

Nein, grüner Spargel ist überhaupt nicht kompliziert, einfach im Frühling die Wurzeln in das vorbereitete Beet pflanzen oder sie gleich selbst aus Samen ziehen. Und dann etwa drei Jahre Geduld haben, bevor man mit dem Ernten beginnt. Danach kann über zehn Jahre lang jeden Frühling geerntet werden, ohne dass man sich allzu viel um das Spargelbeet kümmern muss, die Fläche sollte nur frei gehalten werden von Wildwuchs. Besonders pflege-

leicht und praktisch ist mehrjähriges Salatgrün, beispielsweise der mehrjährige Rucola, der sich sehr freimütig überall aussät und auf allen Wegen und in jeder Ritze blüht. Er ist ausgesprochen hart im Nehmen, bei mir in Biel hat er sogar einen sehr strengen Winter bestens überstanden. Auch Hirschhornsalat ist kaum totzukriegen. Meist hat man dann mit der Zeit eher zu viel von diesem Wegerichgewächs, das als Salat verwendet wird. Liebstöckel, auch bekannt als Maggikraut, kommt ebenfalls jedes Jahr wieder, wenn er einmal Fuß gefasst hat. In meinem Garten wird er riesengroß, weil ich ihm im Frühling etwas Hühnermist gebe. Bescheidener sind dagegen Sauerampfer und Blutampfer, sie kommen immer wieder und versamen sich auch. Für frisches Grün im Frühling kommen auch sogenannte Unkräuter wie Löwenzahn, Giersch und Brennnesseln infrage, aber auch Gundelrebe, Giersch, Bärlauch und Walderdbeeren. Sie alle schmecken gut und sind dazu super gesund. Und wachsen werden sie garantiert!

Funkien als Gemüse

Und wenn wir schon bei den mehrjährigen essbaren Gemüsesorten sind: Die Triebe von Funkien oder Hostas gelten in Japan als Delikatesse! Ich habe einige starkwüchsige, sehr robuste Sorten, deren Namen ich leider nicht kenne, da ich irgendwann ein paar Wurzelstücke geschenkt bekommen habe. In England wird vor allem die Sorte 'Green Acres' als Gemüse angebaut. In Japan sind die verschiedenen Arten von *Hosta montana* beliebt als Frühlingsgemüse, genannt urui. Die Sprosse haben eine leicht schleimige Textur, ähnlich wie Ocras, und werden frisch in Salaten oder gekocht verwendet. Jedenfalls wachsen auch meine namenlosen Funkien ganz problemlos und werden Jahr für Jahr größer, sodass ich jeweils einen Teil der Triebe ernten kann. Ich bereite sie zu wie Spargel, und sie schmecken auch ähnlich. *Hosta lancifolia* ist sehr wüchsig und unproblematisch, ich brauche sie als Bodendecker. Ihre Triebe sind etwas kleiner, aber sie lassen sich auch ernten.

Und auch die Blüten der Funkien sind essbar. Sie sehen ja bereits appetitlich aus und wie mit Zuckerguss überzogen. Insbesondere die Funkie *Hosta montana* wird in Japan als Gemüse angebaut. Auch Bambus gehört zu den essbaren Pflanzen. Statt sich darüber aufzuregen, dass er zu sehr wuchert, sollten wir es den Asiaten gleichtun und im Frühling die jungen Sprossen für die Küche ernten. Sie sind sehr vitaminreich und schmecken lecker!

Essbare Lilien

Und wenn wir mal kurz vor dem Verhungern sein sollten, weil wegen Ferienabwesenheit Kohl, Tomaten, Salate & Co. vertrocknet

Bild 1: Artischocken sind pflegeleichte, mehrjährige Gemüse.
Bild 2: Meerkohl lässt sich bleichen und verwenden wie Rhabarber.
Bild 3: Königslilien und Funkien gehören eigentlich auch in den Gemüsegarten, beide sind essbar.

Gemüse für Faule

Gemüse und Kräuter, die überhaupt keine Arbeit machen? Ja, mehrjährige Gemüse lassen uns viel Freizeit. Nur ernten müssen wir noch. Die besten Sorten:

- Grüner Spargel 'Badener Stolz'
- Funkien (*Hosta* 'Green Acres')
- Hirschhornsalat (*Plantago coronopus*)
- Mehrjähriger Rucola (*Diplotaxis tenuifolia*)
- Liebstöckel (*Levisticum officinale*)
- Bergbohnenkraut (*Satureja montana*)
- Rhabarber 'Elmsfeuer'
- Meerkohl (*Crambe maritima*)
- Knollenziest (*Stachys*)
- Bambus: *Phyllostachys bissetii* und *Phyllostachys flexuosa* 'Yuzhu' wuchern und liefern im Garten die meisten und auch leckersten Bambussprossen für die Küche.

sind, ja dann könnten wir immer noch die Lilien ausgraben. Die Knollen sämtlicher Liliensorten sind nämlich essbar. Sie schmecken ähnlich wie Kartoffeln und werden auch so zubereitet. Da sie viel Stärke enthalten, werden sie in China auch zum Binden von Soßen verwendet. Insbesondere die Königslilien (Lilium regale), die Wildform Lilium brownii, die Tigerlilie (Lilium lancifolium) und die Pracht-Lilien (Lilium speciosum) werden in China als Gemüse angebaut. Die Ureinwohner Nordamerikas verwenden seit je die wunderschöne Panther-Lilie (Lilium pardalinum) als Gemüse. Da sie sich bei mir nicht so wahnsinnig gut vermehren, habe ich mich bisher immer zurückgehalten, und bei gekauften Zwiebeln muss man unbedingt auch darauf achten, dass sie nicht mit Chemikalien behandelt sind. Ich würde also nur die selbst vermehrten Lilien essen wollen, und das braucht halt ein bisschen Zeit, bis man eine ordentliche Portion beisammen hat.

Da blüht uns was für die Küche

Essbare Blüten sind die eierlegenden Wollmilchschweine des Gartens: Sie sind hübsch, schmackhaft und gesund. Ich säe immer Ringelblumen, Tagetes und Kapuzinerkresse zwischen mein Gemüse, denn diese fördern die Gesundheit von Boden und Pflanzen. Aber vor allem esse ich sie gern. Ja, auch die Tagetes, von denen ich besonders die würzigen kleinblütigen Estragontagetes bevorzuge.

Kapuzinerkresse in allen Farben von Dunkelrot bis Zitronengelb ziehe ich im März in Töpfchen auf dem Fenstersims vor, sie können dann ab Mitte Mai nach draußen. Die scharf schmeckenden Blüten enthalten heilende Senföle und sehr viel Vitamin C, sie sind die reinsten Fitmacher auf dem Salatteller. Schön und schmackhaft sind auch die bunten Blüten der Stockrosen und die duftenden alten Nelkensorten. Und nicht zu vergessen die Rosen; im Internet und in Gartenkochbüchern findet man unzählige Rezepte mit Rosenblütenblättern, insbesondere für Sorbets, Kuchen oder Gelees werden sie gern verwendet. Am besten bewähren sich dafür stark duftende, rote oder magentafarbene Sorten wie beispielsweise 'Mme Isaac Pereire' oder die 'Rose de Resht'. Die Blütenblätter von weißen oder gelben Rosen werden hingegen meist unansehnlich braun.

Das exquisiteste kulinarische Blümchen ist das Duftveilchen, und ein Aphrodisiakum noch dazu. Ich tunke einzelne Blüten in Eiweiß und anschließend in Zucker, dann lasse ich sie trocknen. Oder man verarbeitet sie zu Sirup und serviert sie mit Champagner.

Auch seine größeren Verwandten, die Hornveilchen, sind schön anzusehen und gesund. Sie können schon zeitig im März direkt ins Beet gesät werden und wachsen problemlos. Eine wunderbare Pflanze, auch für Anfänger und Kinder! Einfach ein paar kleine Gefäße mit einem Abzugsloch oder ein Eternitkistchen mit feuchter Erde füllen, ein paar Samen hineinstreuen, leicht abdecken und zuschauen, wie sie wachsen. Das Einzige, was man dann noch tun muss, ist, sie regelmäßig zu gießen. Genauso einfach zu ziehen ist Borretsch, dessen himmelblaue oder weiße Blütensterne sowohl im Beet wie auf dem Teller zusammen mit Ringelblumen wunderbar harmonieren. Borretschblüten schwimmen in England klassischerweise auch auf einem Glas Pimm's oder Champagner.

Für die Küche interessant sind auch Malven und Stockrosen. Bei diesen werden die Blütenstängel stets herausgeschnitten. Die bunten Blütenblätter zupfe ich auseinander oder schneide sie in dünne Streifen. Auch bei Rosenblüten schneide ich die Ansatzstelle stets weg, da sie bitter schmecken kann, und schnipsle oder zupfe die Blüten über Salate und Süssspeisen.

Süße Salvien

Diverse Züchtungen der Salvia elegans verzaubern mit schönen Blüten, die süß schmecken und sich zum Würzen und als Tee verwenden lassen. Die Bekanntesten sind der Ananassalbei (Salvia elegans 'Scarlet Pineapple') sowie der Orangen- oder Mandarinensalbei (Salvia elegans 'Tangerine'). Sie sind bis minus zehn Grad winterhart, darunter sollten sie wie Kübelpflanzen überwintert werden. Sehr interessante Sorten findet man außerdem beim südamerikanischen Bergsalbei (Salvia greggii), dessen Blüten von weiß über rosa und rot bis zu zweifarbigen Sorten reichen. Diese sind winterhart bis minus acht Grad und fühlen sich in einem Gewächshaus oder Wintergarten besonders wohl, wo sie bis in den Winter hinein durchblühen. Wie auch Salvia elegans wachsen sie zu recht großen Büschen heran, die in Kübeln ausgesprochen dekorativ aussehen. Ich platziere sie gern am Rand von Sitzplätzen, Wegen oder beim Eingang, wo man beim Vorbeigehen ihr aromatisch duftendes Laub streift.

Essbare Blüten

Bild 1: Der Ananassalbei wächst im Kübel rasch zu einem stattlichen Strauch heran.

Bild 2: Borretschblüten verzieren Salate oder schwimmen in einem Glas Champagner oder Pimm's.

Bild 3: Duftveilchen werden zu Sirup verarbeitet oder in Eiweiß getunkt und dann überzuckert.

GETEILTER GARTEN, DOPPELTER GARTEN

Richtig schön wird auch der schönste Garten erst, wenn er lebt, wenn Familie und Freunde ihn teilen. Und auch wenn ein Garten nicht so perfekt ist, kann man natürlich rauschende Feste feiern!

»Alleine gärtnern
ist das eine ...«

EIN BISSCHEN FRIEDEN, EIN BISSCHEN SONNE

Ein friedlicher Sommermorgen, meine Tochter und ich gehen durch den Garten, pflücken Blumensträuße, genießen zusammen den Garten, den Tag. Inzwischen sind wir beide ein Team, es ist nicht mehr einfach mein Garten, es ist unser Garten. Wir summen vergnügt vor uns her: »Ein bisschen Frieden, ein bisschen Träumen, und dass die Menschen nicht so oft weinen. Ein bisschen Frieden, ein bisschen Liebe, dass ich die Hoffnung nie mehr verlier.« Allein gärtnern ist das eine, das habe ich lange genug gemacht. Aber nun ist mein Mädchen da. Und ich habe wieder einen Lebenspartner, auch seine Kinder sind manchmal da. Mein Bruder und seine Familie kommen vorbei, wir feiern bunte, improvisierte Gartenfeste mit Freunden. Und ich habe Nachbarn, die Anteil nehmen und sich über den Garten und die Hühner freuen. Nachbarn, die über den Zaun schauen und unsere Hortensien bewundern, die nach Tipps und Tricks fragen oder mir ihre eigenen Gartengeheimnisse verraten.

Mit Godi, mit dem ich die andere Haushälfte teile, begutachten wir die Dahlien, jeder bewundert die Sorten des anderen. Wenn er im März seine alten Farbeimer mit Erde füllt und die Dahlien aus dem Keller holt, dann weiß auch ich, was ich zu tun habe. Wir haben eine helle Waschküche, wo man die Knollen bestens vortreiben kann, sodass sie dann schon zeitig im Sommer blühen. Und im Herbst stehen Godi, meine Tochter und ich vor der Farbenpracht, schneiden Verblühtes heraus, damit die geliebten Dahlien dann auch bis im November durchhalten mögen. Es ist das reinste Feuerwerk an Farben und Blüten.

Erlaubt ist, was gefällt

Bei mir stehen ein paar 'Bishop of Llandaff' im Gemüsegarten, daneben fast schwarzblütige Kaktusdahlien und orangefarbene Zinnien. In einem zweiten Beet auf der anderen Seite des Hauses ziehe ich große gelbe Kaktusdahlien und orangefarbene Pompons zusammen mit blühendem Fenchel. Bei Godi blühen die Dahlien

Die schönsten Blumen zum Verschenken

- Dahlien *(Dahlia)*
- Duftwicken *(Latyrus odoratus)*
- Gladiolen *(Gladiolus)*
- Hortensien *(Hosta)*
- Levkojen *(Matthiola)*
- Lilien *(Lilium)*
- Löwenmäulchen *(Antirrhinum)*
- Muschelblumen *(Molluccella laevis)*
- Rittersporn *(Delphinium)*
- Rosen *(Rosa)*
- Rudbeckien *(Rudbeckia)*
- Schnittrosen *(Rosa)*
- Sommerphlox *(Phlox)*
- Sonnenblumen *(Helianthus)*
- Sonnenhut *(Echinacea)*
- Zinnien *(Zinnia)*

in einem Beet in allen Farben gleichzeitig, Hellgelb, Magenta, Rosa, Orange, große, kleine, Kaktussorten und Pompons – alles wild und kunterbunt gemischt. Recht hat er. Schon zur Zeit von Königin Viktoria wurden in England Dahlien gerade wegen ihres »Kitschfaktors« vergöttert. Seither sind über 20 000 Sorten gezüchtet worden, und der Vielfalt an Farben, Formen und Größen sind keine Grenzen gesetzt. Godi schenkt meiner Tochter ein paar rosarote Blüten, die sie in ihr Sträußchen einfügt. Jetzt brauchen wir noch ein paar kleinere Schnittblumen. Wir wandeln entlang den Beeten, pflücken Löwenmäulchen, hellgrüne Zinnien und purpurfarbene Kosmeen. Wir schneiden *Echinacea*, von denen mich besonders die neuen apricotfarbenen und roten Züchtungen begeistern. Und sicherlich dürfen in einem richtigen Blumenstrauß auch Rosen nicht fehlen. Edelrosen sind der Klassiker für die Vase, wo sie mit ihren langen Stielen besser zur Geltung kommen als im Beet. Bei mir muss halt die 'Santana' dran glauben, die an der Hausfassade rankt, oder was gerade sonst so blüht an Rosen, eigentlich lassen sie sich alle verwenden. Manche halten halt nicht so lange in der Vase, aber das macht nichts, weil ich im Garten jederzeit Nachschub holen kann.

Am allerliebsten mag ich kleine Sträußchen mit Edelwicken. Alle paar Tage pflücken wir Edelwicken, sodass sich den ganzen Sommer über neue Blüten bilden. Ihre quirligen Stiele lassen sich so schön arrangieren in altem Porzellan oder Kristallglas, das ich genauso sammle wie schöne neue Blumensorten. Und so steht den ganzen Sommer über eine kleine Vase oder ein Tässchen mit

Edelwicken neben meinem Computer. Wie ich an diesen Zeilen arbeite, bewundere ich ihre zarten Farben, ja, ich lasse mich gern ablenken von ihrem Duft, der den Zauber eines englischen Sommergartens heraufbeschwört. Meine Tochter schneidet derweil Minzesträußchen, die sie einstellt und dann beobachtet, wie die Zweiglein wurzeln. Tatsächlich sind diese kleinen Kräutersträußchen auf dem Küchentisch ganz hübsch. Minze verwende ich selbst auch gern, wobei ich für größere Sträuße jede Menge lange blühender Minzezweige schneide. Für voluminöse Sträuße verwende ich gern Hortensienblüten oder Phlox. Auch die Muschelblumen *(Mollucella laevis)* sowie Fenchel- oder Dillblüten sind gute Füller, die den Sträußen Volumen geben.

Farben und Strukturen

Eine prima Strukturpflanze ist die Karde. Ich lasse ihre grünen Samenstände gern etwas über die anderen Blumen hinausragen. Allerdings sind Karden ziemlich stachelig, und wer um diese Jahreszeit von der vielen Gartenarbeit nicht schon längst Hornhaut an den Fingern hat, der sollte unbedingt Handschuhe tragen, um sie zu verarbeiten. Dasselbe gilt für Brombeeren, die sich in Blumensträußen auch ganz hübsch machen. Ich schneide jeweils kurze Zweige mit grünen und einigen schon fast reifen Beeren daran, die ich zwischen die Rosen füge. Auch Astilben verwende ich, sie verleihen den Rosen Halt, und ihre zarten Blütenpuffer verbinden auch die wirrsten Sträuße noch zu einem Ganzen. Eine spannende Pflanze zum Füllen ist das neue Strauchbasilikum mit seinem dunkelvioletten Laub und den lilafarbenen Blüten. Am besten bewähren sich die Sorten 'African Blue' und 'Magic Blue'. Es ist mehrjährig und wird wie Pelargonien überwintert. Den Blumensträußen verleiht es vor allem auch ein wunderbares Aroma, und farblich bietet es einen fantastischen Kontrast zu rosaroten, aber auch zu gelben und orangefarbenen Blumen.

Wir stellen unsere Sträuße in einen Eimer Wasser und setzen uns auf die Schaukel, blinzeln in die Sonne. Und in dem Moment ist das Stadtgärtchen der friedlichste Ort auf der ganzen Welt, eine Oase inmitten einer nicht sehr heilen Welt. Einen Blumenstrauß pflücken, sich freuen über alles, was da wächst und gedeiht und blüht, zufrieden sein mit sich selbst und der Welt, ja, manchmal scheint das Glück so einfach zu haben sein.

Bild links: Schickes Kaninchenhaus, mit viel Hingabe und Liebe von den Kindern verziert.

Bild 1: Verbena bonariensis *verleihen Beeten und Sträußen einen Hauch von Leichtigkeit.*
Bild 2: *Löwenmäulchen halten im Garten wie in der Vase sehr lange.*
Bild 3: *Romantische Rosenzüchtungen wie die Sorte 'Charles Austin' von David Austin eignen sich bestens für Blumensträuße.*

»Auf gute Ideen
kommt man nicht
immer von alleine.«

GEMEINSAM GEHT'S BESSER

Meine Gärten sind kleine Oasen. Hat man erst mal so eine Oase geschaffen, in der sich die Menschen wohlfühlen, dann kommen sie meist, die lieben Menschen. Und wenn man etwas Glück hat, dann helfen sie ab und zu ein bisschen mit. Ich habe zwar ziemlich viel Kraft, aber auch Rückenprobleme und ein kaputtes Knie. Und so bin ich dann manchmal doch froh, wenn jemand mit anpackt, um den schweren Buchs in die andere Ecke des Gartens zu karren oder die Waschbetonplatten wegzutragen. Meine Freunde wissen, dass sie hier immer willkommen sind, dass sie immer ein Bier oder einen Kaffee bekommen, und meist haben wir was auf dem Grill. Aber meist sage ich irgendwann einen Satz, der anfängt mit: »Kannst du mir mal schnell …«, und dann lachen sie, weil sie mich kennen. Denn das Wörtchen »schnell« hat es oft in sich. Vielleicht ist diese Wurzel, die schnell mal ausgebuddelt werden sollte, dann doch etwas größer, als sie auf den ersten Blick ausgesehen hat. Und wenn der große Topf dann am richtigen Ort steht, kommt mir in den Sinn, dass nun das Fass auf die andere Seite gehört. Fängt man im Garten an, größere Veränderungen vorzunehmen, ist es eigentlich immer so, dass eines das andere ergibt und dass erst während der Arbeit klar wird, was noch alles gemacht werden sollte, bis das Bild am Ende wieder stimmig ist.

Teilen und tolerant sein

Meinen besten Gartenfreund, der selbst Florist und Gärtner ist von Beruf und der mir gelegentlich auch bei großen Aktionen zur Hand geht, ja, den bezahle ich dann auch, wenn es mehr ist als bloß ein paar Töpfe von einer Ecke in die andere tragen. Das gehört sich so, auch wenn ich selbst mitunter nicht viel Geld habe. Ich rege mich selbst auf über Leute, die meinen, im Garten könne man nur einfach so aus Spaß helfen. Gartenarbeit ist

immer anstrengend, das weiß ich nur zu gut. Und alles, was anstrengend ist, gehört dann eben auch entlohnt.

Etwas anderes wäre es, den Garten grundsätzlich zu teilen und auch alle anfallenden Arbeiten samt der Ernte zu teilen. Aber damit ist es so eine Sache. Theoretisch ist es eine wunderschöne Idee, und ich weiß auch von Leuten, bei denen das bestens

Bild rechts: **Sonnenhut** (Echinacea), *von dem es inzwischen diverse orange Züchtungen gibt. Hier abgebildet die Sorte 'Meadowbright Orange'.*

klappt. Im Gemeinschaftsgarten kann man nämlich auch mal Urlaub machen und wegfahren. Man kann mal ein paar Wochen keine Lust auf Garten haben und hoffen, dass die anderen nicht grad gleichzeitig keine Lust auf Garten haben. Wenn man sich die Arbeit teilt, können sich alle Beteiligten gelegentlich eine Auszeit gönnen. Die Frage ist natürlich, ob man das wirklich will. Mir jedenfalls kommt es selten in den Sinn, während der Gartensaison verreisen zu wollen, und wenn, dann höchstens für wenige Tage. Den Garten teilen, das würde eben auch heißen, dass jeder die anfallenden Arbeiten nach seinem eigenen Gutdünken erledigt. Oder auch nicht erledigt.

Wehe, jemand fasst eine Staude grob an

In einem geteilten Garten muss man wohl die Ansprüche herunterschrauben und Toleranz üben. Aber ich habe herausfinden müssen, dass dies nicht meins ist, jedenfalls nicht in meinen Gärten. Ich sehe vor meinem inneren Auge, wie alles aussehen muss.

Genau so, und nicht halbwegs anders. Genau hier müssen die Königslilien gepflanzt werden, so und so angeordnet und nicht fünf Zentimeter näher oder weiter auseinander, im Detail bin ich dann bei manchen Lieblingen doch recht pingelig. Meine Gartenbilder habe ich fertig im Kopf, lange bevor ich anfange. Und nein, da bin ich eben nicht tolerant. Das heißt dann aber konsequenterweise, dass ich lieber mit einem Profi zusammenarbeite und den ordentlich entlohne, damit er sich auch gern die nötige Zeit nimmt. Nein, im Garten muss man nicht schnell arbeiten. Ich gehe ja selbst sehr sorgfältig um mit meinen Pflanzen, und wehe, jemand fasst eine Staude zu grob an beim Ausgraben. Eile ist Gift im Garten, für die Arbeit mit Pflanzen braucht man Muße und innere Ruhe. Meine Tochter ist zwar erst fünf, aber sie kann das sehr gut. Wenn sie mir hilft, Setzlinge zu pflanzen, dann macht sie das mit großer Sorgfalt und macht es genau richtig. Dann darf ich doch auch ebenso viel Behutsamkeit und Achtsamkeit von Erwachsenen verlangen?

Gartenhüter dürfen ernten

Wenn ich ein paar Tage verreisen muss, gilt es, jemanden zu finden, der nicht nur die Hühner und den Kater, sondern vor allem den Garten hütet. Wichtig ist dabei, genau abzumachen, wofür der Gartenhüter zuständig ist, was geerntet und was abgeschnitten werden darf und was nicht. Wer meinen Garten hütet, der soll also nicht nur wässern, sondern er darf auch ernten. Man möchte ja nach der Rückkehr keine meterlangen verholzten Zucchini vorfinden. Auch Blumensträuße schneiden ist ausdrücklich erlaubt, denn die Dahlien, Zinnien und Rudbeckien würden sowieso verblühen. Und wenn man sie schneidet, bilden sich nochmals neue Blüten. Schnecken oder Raupen oder sonstige gefräßige Gartenbewohner kann man je nach Fähigkeit der Gartenhüter zur Jagd freigeben. Aber wehe, jemand würde dann meine »Rübliraupen« entfernen! Ich lasse ja schließlich extra den Fenchel aufschießen für die Schwalbenschwänze.

Was ich auch grundsätzlich nie delegiere, ist das Jäten. Nur ich kenne all die Sämlinge und sehe, welche woandershin verpflanzt gehören und was tatsächlich bei den Hühnern landen muss. Und falls die Gartenhüter doch etwas falsch machen, muss man halt ein Auge zudrücken, mit Verlusten ist immer zu rechnen. Wenn man länger wegfährt, sollte man vor der Abreise noch großzügig Blumensträuße schneiden und verschenken. Insbesondere die Rosen, aber auch viele Stauden blühen dann im Spätsommer noch einmal nach.

SABINES TIPP

Kräuter ernten

Wenn jemand neues den Garten hütet, zeige ich ihr oder ihm genau, wie Basilikum, Koriander und Minze geerntet werden: Immer die Triebspitzen abschneiden und verwenden. Dann bilden sich buschige Pflanzen, die weniger rasch blühen. Und man kann länger zarte Blätter für die Küche ernten.

Gärtnern mit den Nachbarn

Gärtnern ist oft genug eine einsame Angelegenheit. Aber auf gute Ideen kommt man nicht immer von allein. Ich finde es wichtig, stets auch ein Auge über den Gartenzaun zu werfen. Und wenn es dort nichts Interessantes zu sehen gibt, sollte man verreisen und andere Gärten besuchen. Nirgendwo lernt man so viel wie in anderer Leute Gärten. Immer ein Notizbuch und einen Fotoapparat mitnehmen! Und Fragen stellen! Wer seine Pflanzen liebt, wird auch gern den einen oder anderen Tipp geben. Und mit etwas Glück bekommt man vielleicht noch ein paar Samen oder ein Stückchen von den Stauden oder das eine oder andere Steckholz.

Ich lerne aber auch von meinen Gartenbesuchern. Mitunter sind es ihre Fragen, die mich auf eine neue Idee bringen. Wenn jemand fragt, warum dies und warum das, und ich fange an zu erklären, und plötzlich sage ich: Klar, man könnte es auch ganz anders machen! Auch der Fotograf stellt vieles infrage, und oft hat er ja recht. »Musst du diese Bohnenstangen denn mitten ins Beet stellen? Würde der Garten nicht größer wirken, wenn sie weiter

hinten wären? Ja klar, ist mir nur nicht in den Sinn gekommen. »Und warum kannst du diesen halb verdorrten Busch da nicht entfernen?« »Ähm, nein, den kann ich nicht entfernen, weil den die Mutter der Hausbesitzerin gepflanzt hat. Aber ich kann etwas davorstellen. Die Bohnenstangen vielleicht.«

Pflanzen tauschen und teilen

Noch ist es erlaubt, noch haben wir die Freiheit, eigenes Saatgut weiterzugeben, solange diesbezüglich nicht weitere Gesetze erlassen werden. Nutzen wir diese Freiheiten, seien wir uns dessen bewusst, dass wir die meisten Pflanzen noch selbst vermehren und teilen dürfen. Freunde fragten mich nach ein paar Samen

Bild 1: Ein Schwätzchen über den Gartenzaun.
Bild 2: Jeder buddelt auf seiner Seite, und nach seiner Façon.

meiner riesigen Sonnenblumen. Also hängte ich Papiertüten über die größten Blüten, damit die Meisen nicht alle Kerne fressen. Und zu Weihnachten verteile ich dann meine kleinen Tütchen mit den besten Samen. Auch Eselsdisteln habe ich schon viele in Umlauf gebracht, und Bohnen, Engelbohnen, Klosterfrauvögelibohnen, Yin-Yang-Bohnen, oh, so eine Handvoll Bohnen verschenken, da steckt so viel Lebensenergie drin, das ist immer auch ein großes Versprechen auf den nächsten Sommer. Ich liebe es, Samen von meinen besten Pflanzen weiterzugeben. Wenn ich im Herbst Besuch habe, gehen die Leute meist nicht weg, ohne ein bisschen von diesem und jenem in der Hosentasche verstaut zu haben. Und das ist gut so. Ich mache das genauso, wenn ich andere Gärten besuche. So bleibt unser Kulturgut lebendig, denn Pflanzen wollen sich schließlich vermehren und verbreiten. Es ist also gut und wichtig, dass wir die Sorten, für die wir uns begeistern und die sich in unserem Klima bewährt haben, auch weitergeben. Und dabei werden Tipps und Tricks ausgetauscht. Gärtnern fördert Freundschaften und das Zusammengehörigkeitsgefühl,

Gärtnern stiftet Identität, auch darum geht es. Und darum ist es wichtig, nicht nur allein vor sich hin zu werkeln. Gärtnern ist eben viel mehr, es ist eine Lebenshaltung.

Wenn der Gartensegen mal schief hängt

So mancher hat ein eigenes Empfinden von Ordnung. Die ersten Sommer hat eine meiner Nachbarinnen jede einzelne Rose weggeschnippelt, die auf ihrer Seite des Zauns blühte. Sie dürfte das eigentlich nicht, denn Selbstjustiz ist nicht erlaubt, auch in Gartenfragen nicht. Sie hätte mich zumindest fragen müssen. Ich habe dann ein Auge zugedrückt, weil die Rose eh schneller wächst, als die pingelige Nachbarin sie abschnippeln kann. Und außerdem ist die 'New Dawn' mit ordentlich fiesen Dornen gesegnet, das hat vielleicht auch dazu beigetragen, dass der guten Frau ihr Ordnungsfimmel mit der Zeit verleidet wurde. Oder vielleicht hat sie irgendwann festgestellt, dass die Rose ganz hübsch blüht und dass sie die Blüten auch gratis und franko von ihrer Seite aus

genießen darf. Lustigerweise hat sie aber mit ihrem Rumgeschnippel aufgehört, nachdem sie ein Foto der besagten Rose in der Zeitung gesehen hat. Plötzlich waren meine Rosen in ihren Augen viel mehr wert, und seither dürfen sie auch auf ihrer Seite des Zauns blühen.

Ja, mit manchen Nachbarn ist es so eine Sache

Und wem gehören nun die Äpfel, die so verlockend an einem großen Ast in den eigenen Garten herüberhängen? Darf ich die Kirschen pflücken, die der Nachbar am Baum vergammeln lässt? Und die Himbeeren, die der andere Nachbar dem Weg entlang zieht? Meine Tochter steckt sich im Vorbeigehen immer welche in den Mund. Aber eigentlich dürfte sie das nicht. Die Früchte gehören immer dem Eigentümer der Pflanze, auch wenn sie noch so reif über den Zaun herüberhängen. Da muss man erst fragen,

bevor man zulangt. Andererseits muss aber auch der Nachbar fragen, bevor er auf meine Seite kommt, um seine Früchte zu ernten. Oder er greift zu einem langstieligen Apfelpflücker und angelt die Früchte, die in der Lufthoheit des Nachbargartens gereift sind, das ist dann legal. Mit den Himbeeren ist das schon schwieriger. Wir handhaben das so, dass der Nachbar ein Auge zudrückt, wenn meine Tochter im Vorübergehen davon nascht. Und ich lasse ihn dafür unseren Weg benutzen, um die restlichen Beeren zu pflücken. Das ist auch kein Problem, weil genug für alle da ist.

Aber auch ich darf die Kirschen an Nachbars Baum nicht pflücken, was nicht heißt, dass man nicht doch mal welche probiert, wenn sich offensichtlich niemand dafür interessiert. Fallen aber Früchte auf meiner Seite zu Boden, dann gehören sie dem Besitzer des

*Bilder links: **Pflanzen werden über den Gartenzaun ausgetauscht, zum Beispiel Knollenziest.***
*Bild unten: **Wenn die Ernte reich ausfällt, wird natürlich auch gern geteilt.***

Grundstücks; kommt der Besitzer des Baumes, um sie aufzulesen, dann macht er sich strafbar. An fremden Ästen zu schütteln ist ebenfalls verboten. Es ist also das reinste Minenfeld, und letztlich hilft nur der freundliche nachbarschaftliche Dialog. Doch meistens sind genügend Früchte da, um sie großzügig zu teilen.

Was stört, ist Ermessensfrage

In Twann schneide ich immer mal etwas an der Kirschlorbeerhecke meiner Nachbarn herum, obwohl ich das eigentlich nicht darf. Aber die Hecke scheint mir gar aufdringlich, und schließlich möchte ich ja, dass es auf meiner Seite ordentlich aussieht. Bisher hat sich auch noch niemand beklagt, ich nehme an, sie sind sogar froh, dass ich ein wenig bei der Arbeit nachhelfe. Aber darf man einen Ast einfach absägen, der von Nachbars Garten störend zu mir herüberwächst, eventuell Schatten auf das Staudenbeet wirft oder sonst wie im Weg steht? Und diese große dicke Wurzel, die meine Platten anzuheben droht? Erstaunlicherweise ist es von Gesetzes wegen erlaubt, alles zu entfernen, was den eigenen

Besitz bedroht. Wenn also mein Weg droht kaputtzugehen, dann darf ich die Wurzel durchsägen. Wenn der Ast gefährlich über meinem Sitzplatz hängt, dann darf ich ihn ebenfalls absägen. Aber wann ist etwas wirklich störend oder gefährlich? Das ist eben wieder Ermessensfrage. Bedroht ein Ast oder eine Wurzel den eigenen Besitz, dann muss dem Nachbarn schriftlich eine Frist gesetzt werden, damit er das Problem beheben kann. Und die Frist muss »pflanzengerecht« sein. Ein Früchte tragender Ast muss also nicht kurz vor der Ernte weggesägt werden. Ist die Frist verstrichen, darf man dann völlig legal selbst zur Säge greifen – aber erst dann. Sollte der Baum Schaden nehmen, haftet man nicht, weil der Besitzer schließlich die Gelegenheit hatte, die Arbeit selbst fachgerecht durchzuführen.

Bild unten: **Ein Garten muss nicht gestylt sein, Hauptsache ist doch, man fühlt sich wohl.**
Bild rechts: **Gemeinsam draußen essen an einem warmen Sommerabend.**

»Männer und Frauen ticken nun einmal anders.«

WENN PAARE GÄRTNERN

Ja, mein Partner kann inzwischen Rosen von Tulpen unterscheiden. Tulpen blühen im Frühling, Rosen im Sommer. Damit das geklärt wäre. Überhaupt scheint Gärtnern ganz einfach zu sein, wenn ich ihm so zuhöre. Einfach und geradlinig. Ja, er hat die geraden Linien eingeführt in meinen Gärten. Sogar der Feigenbaum in Twann wächst wieder gerade, weil er jetzt eine ordentliche Stütze hat. Und am Häuschen in Biel hat er entlang der Fassade Drähte gespannt, die allesamt im Lot sind. Auch das Garten-

möbel, das ich scherzhaft unsere »Outdoor-Küche« nenne, erfreut sich nun einer geraden Arbeitsfläche. Er hat sich nie gefürchtet, mit anzupacken. Wir kannten uns noch kaum, da musste er mir

Bild links: Im Garten kann ja jeder machen, was er will …
Bild unten: … und manchmal wird auch richtig angepackt! Um den
Agapanthus *ins Winterquartier zu bringen, sind vereinte Kräfte gefordert.*

schon helfen, ein Hühnerhaus zu bauen. »Wozu habe ich schließlich einen Architekten?«, habe ich gescherzt. »Du wirst doch wohl noch ein Hühnerhaus bauen können!« Es ist zweifellos das schönste Hühnerhaus der ganzen Stadt geworden und mit allen technischen Finessen versehen wie einem Lichtsensor und automatischer Schließvorrichtung, sodass die Hühner abends allein rein – und morgens allein rausgehen können, falls wir mal nicht zu Hause sind. Und mit den Weidenstühlen hat er auch geholfen. Das heißt, ich habe immer wieder solche Konstruktionen zusammengebastelt, die beim nächstbesten Windstoß oder spätestens dann, wenn sich jemand draufsetzen wollte, in sich zusammengekracht sind. Auf seinen Stühlen aber kann man tatsächlich sitzen.

Das Traumgartenhaus

Manchmal führe ich auch seine Gartenideen aus. So hat eine Hollywoodschaukel in unserem Garten in Biel einen Platz gefunden. Ich habe dann Militärdecken drübergehängt und dafür gesorgt, dass sie vom Gebüsch rundherum eingewachsen wird, jetzt sieht das Ganze eher aus wie ein Jägerunterstand. Und ein bisschen ist es das ja auch, nur dass wir die Igel nicht jagen, die wir nachts von unserem Versteck aus beobachten, schön kuschelig in Kissen und Decken gebettet, uns die Füße wärmend an der Glut von der Feuerstelle. Und auch wenn es mal ein bisschen regnet, können wir draußen noch gemütlich eine Zigarette rauchen.

Auch wenn wir vieles nicht gemeinsam unternehmen, sind unsere Gärten doch Teamarbeit. Ja, er hat die praktischen Dinge eingeführt in meinem Garten. So hat das Gärtchen in Twann einen übersichtlichen kleinen Kiesplatz bekommen. Es war etwas mühsam, dort jede Woche Rasen zu mähen. Überhaupt wäre es mir nicht in den Sinn gekommen, jemals ein größeres Sitzplätzchen anzulegen, weil ich nur Augen für die Pflanzen hatte. Aber natürlich sieht nun alles viel hübscher aus mit der einigermaßen großzügigen und ruhigen Kiesfläche in der Mitte. Zuerst wollte er dort ein Gartenhaus errichten. »Dann hab ich keinen Platz mehr für die Pflanzen«, protestierte ich, »und außerdem hast du schon ein Hühnerhaus bauen dürfen.« Ab und zu sprach er wieder von dem Gartenhäuschen, zeichnete sogar den einen oder anderen Plan. Ja, die Pläne waren sehr schön. Ein Entwurf zeigte ein stattliches zweistöckiges Bootshaus aus weiß gestrichenem Holz, das auf Pfählen in den See hinausragen würde, sicher eine wunderbare Idee, aber der Garten gehört nicht mir, und der See erst recht nicht. Also bleibt es bei den Träumen von lauschigen Sommernächten und einem Bett am See.

Getrennte Beete

Männer und Frauen ticken nun einmal anders. Und das gilt auch im Garten. Im Idealfall ergänzen sich beide Ansichten zu einem größeren Ganzen, und man ist zu zweit besser als jeder für sich allein. Bei Gartenberatungen sind die Konflikte zwischen Paaren oft ein Thema, mitunter geht es dann mehr um Paarberatung als um Pflanzenfragen, und ich muss versuchen, Kompromisse vorzuschlagen. Meist sind es die Frauen, die mich anrufen: »Kommen Sie und reden Sie meinem Mann ins Gewissen! Erklären Sie ihm mal, dass meine Rosen schön sind und dass die Blumenbeete so üppig wuchern müssen!« Viele Männer fühlen sich eben bedroht angesichts von zu viel Wildwuchs, sie stören sich an Stauden, die über die Wege hinausblühen, und hätten gern gerade Linien, klare Abgrenzungen und saubere Rasenkanten.

Ein anderer Konfliktherd sind die Gartenmaschinen. Manche Männer lieben nichts so sehr wie einen großen Aufsitzrasenmäher, Kettensägen oder einen möglichst lauten Laubbläser. Damit kann man Frauen gut in die Flucht schlagen, und allfällige Klagen werden von dem Lärm auch gleich weggepustet. Männer haben für eine Weile ihre »Ruhe« und brauchen nicht zuzuhören, was die Frau ihnen sagen will. Da helfen mitunter nur klare Abmachungen. Beispielsweise kann der Mann seine Maschinen zu bestimmten Zeiten betätigen, wenn die Frau außer Haus ist. Und manchmal helfen getrennte Beete, Frieden zu schaffen: eine Seite für sie, eine Seite für ihn. Oder jeder bekommt sein eigenes Gartenzimmer, in dem man pflanzen und machen kann, was man will. Vielleicht züchtet er dann mit Begeisterung Sukkulenten, Orchideen oder scharfe Chili-Sorten. Und sie schwelgt derweil in ihrem romantischen Blumenbeet mit pastellfarbenen Rosen, Pfingstrosen, duftendem Phlox und Seidenmohn.

In der Praxis ist es bei vielen gärtnernden Paaren so, dass sich einer um Gemüse und Obstbäume kümmert und der oder die andere die Blumenbeete hegt. Das setzt aber Toleranz voraus und dass beide einander die Freiheit lassen zu pflanzen und zu ziehen, was der andere jeweils mag, also auch hier: leben und leben lassen. Spannend wird der geteilte Garten erst, wenn die Gegensätze zu einem neuen großen Ganzen zusammengefügt werden sollen. Denn erst durch Kontraste und Konflikte wird ein Garten richtig lebendig. Die Gartenbeete von Mars und Venus ließen sich zu einem romantischen Mondscheingärtchen vereinigen, denn Rosa und Rot wirken gemeinsam dynamisch und anregend. So würden im Garten die Gegensätze von Mann und Frau vereint.

Bild 1: Auch ganz einfache Pflanzen wie diese Funkien können zauberhaft aussehen, insbesondere in größeren Gruppen.

Bild 2: Von Blümchen und Bienchen … der Seidenmohn (Papaver rhoeas 'Angels Choir') wird fleißig besucht.

Bild 3: Speziell für den Balkon gezüchtete Chillisorten kommen auch in kleinen Gefäßen zurecht. 'Fireflame' ist zudem gegen Krankheiten resistent.

Kinder lassen
uns das Bestehende
mit neuen Augen
sehen.«

KINDER IM GARTEN EINBEZIEHEN

Kaum taucht das erste Kind auf, verabschiedet sich bei vielen Leuten der Verstand. In großer Hektik krempeln sie nun ihren hübschen Garten um, reißen alles aus, was giftig oder gefährlich sein könnte, lassen den Teich zuschütten, und alles, was Dornen hat, muss auch noch gleich weg. Die gefahrenfreie Knautschzone wird dann mit einem Sandkasten und einer Plastikschaukel und einer Rutschbahn aus dem Baumarkt bestückt. Oft werden solche Kinderecken auf dem Reißbrett geplant und hinter einer Hecke versteckt, so als wollte man sagen: Aus den Augen, aus dem Sinn. Die Besitzer sind darüber zwar nicht glücklich, aber meist überzeugt, das Richtige getan zu haben – im Namen des Kindes. Das Kind aber hat dann spätestens mit zwei, drei Jahren sowieso keine Lust mehr, seinen Spieltrieb auf die definierte idiotensichere Kinderecke zu beschränken, nein, es wird sich aufmachen, den Rest des Gartens zu erkunden.

Der Spielplatz ist überall

Mir scheint es deshalb vernünftiger, den schönen Garten möglichst zu lassen, den normalen Gartenalltag aufrechtzuerhalten und die Kinder mit einzubeziehen. Kinder lassen uns das Bestehende mit ganz neuen Augen sehen. Auch einen winzigen Stadtgarten oder eine Terrasse empfinden sie als riesigen Freiraum. Sie brauchen viel weniger Platz, als wir denken, um ihrer Fantasie freien Lauf zu lassen. Ein Spielhaus zum Verstecken ließe sich sogar auf dem Balkon unterbringen, ein paar Eimer mit Erde und Wasser, Samen und Zweige zum Experimentieren – das geht überall. Aber natürlich stellen Kinder nicht nur unser Leben, sondern auch unseren Garten und alles, was wir über guten Geschmack zu wissen glaubten, auf den Kopf. Und dann heißt es: umdenken, und zwar gründlich. Sich nicht aufregen, sondern das neue Leben integrieren. Das lässt sich aber nicht im Voraus planen, und schon gar nicht auf dem Reißbrett theoretisch entwickeln. Das geschieht einfach, und es geschieht in der Regel nicht unbedingt das, was man erwartet hätte!

SABINES TIPP

Kürbis aus dem Garten

Kürbisse lassen sich kinderleicht aus Samen vermehren. Wer zusätzlich Zierkürbisse im Garten hat, sollte aber aufpassen, dass diese sich nicht mit den Kürbissen kreuzen, die für die Küche gedacht sind. Es können sonst Sorten entstehen, die zu Allergien führen oder gar giftig sind.

Irgendwann habe ich kurzerhand den ganzen Garten zur Kinderzone erklärt: alles für alle. Es gibt keine Extraspielecke, die Kinder sollen da spielen, wo sie es interessant finden. Sie sollen bei der Gartenarbeit mithelfen dürfen, wenn sie Lust haben, oder was Eigenes machen. Ich mag sie auch nicht zu irgendwelchen »pädagogisch sicheren« Spielen animieren. Ich mache das auch dann nicht, wenn viele Kinder hier sind. Sie finden eigentlich immer selbst etwas, sie erfinden ihre eigenen Spiele. Zum Beispiel Salatblätter und Kräuter und Blumen abzupfen und abwechslungsweise für die Igel oder für die Puppen oder für mich kochen. Oder mit dem Gartenschlauch ein frisch angesätes Beet unter Wasser setzen und sich im Matsch suhlen. Oder alle Stoffpuppen und Plüschtiere im Planschbecken waschen. Oder Löcher in den Rasen buddeln und Murmeln und andere geheime Schätze darin versenken. Ich lasse sie machen, allzu viel Schaden haben sie eigentlich nie angerichtet. Und während sie so in ihre eigenen Spiele versunken sind, habe ich Zeit, mich um mein Gemüse zu kümmern. Oft überwiegt dann auch die Neugier, und sie kommen nach einer Weile schauen, was ich da so alles säe und pflanze, und fragen mir Löcher in den Bauch.

Ich habe schon Eltern erlebt, die in Panik geraten, wenn sie ihr Kind mit Hammer und Nägeln hantieren sehen oder wenn die Kleinen gar mit einem Messer an einem Stück Holz herumschnitzen. Oh, furchtbar, das könnte doch gefährlich sein! Natürlich kann es vorkommen, dass sich ein Kind mal schneidet oder mit dem Hammer auf den Finger haut oder eine Beule davonträgt. Nur passiert das mir selbst auch ab und zu, ich bin daran jedenfalls noch nie gestorben. Und meine Tochter ist inzwischen im Umgang mit Werkzeug fast geschickter als ich, sie schneidet sich eigentlich nie. Ich bin überzeugt, es hat damit zu tun, dass sie von klein auf mit richtigen Scheren und Messern basteln durfte. Übung

macht eben die Meisterin. Wie sollen Kinder auch Selbstvertrauen und Geschicklichkeit entwickeln, wenn sie nie etwas selbst machen dürfen, was eventuell gefährlich sein könnte!?

Ein Spielhaus bauen

Jeder Mensch braucht ein bisschen Raum für sich allein. Sich zurückziehen, die Tür hinter sich zumachen und einfach seine Ruhe haben – das ist für kleine und große Leute wichtig. Und was gibt es dafür Besseres als ein eigenes Gartenhaus? In Kindergröße ist das schnell zusammengezimmert. Einige Bretter und Dachlatten genügen im Prinzip schon. Im Sommer kann auch ein provisorisches Gartenhaus aus einer großen Kartonkiste gebaut werden, idealerweise steht das dann auf einer vor der Witterung geschützten Terrasse. Auch ein simples Campingzelt macht natürlich Spaß und kann ganz nach Bedarf rasch auf- und wieder abgebaut werden.

Das erste Gartenhaus meiner Tochter habe ich aus einer alten Hundehütte gemacht, die ziemlich schäbig und vergammelt aussah. Es hat mich einige Überwindung, Gummihandschuhe und Putzmittel gekostet, aber schließlich bin ich hineingekrochen und habe den Dreck samt der Spinnen herausgeputzt. Dann halfen mir vier kräftige Nachbarn, die Hütte an seinen definitiven Standort zu tragen – was uns am folgenden Samstag noch einen kleinen Umtrunk gekostet hat. Das Fenster der Hütte, das ehemals nur mit einem Stück Plastikfolie abgedichtet war, habe ich vom Schreiner neu einsetzen lassen. So ein echtes Fenster mit Glasscheibe macht gleich einen riesigen Unterschied. Auch kann man dann gut gegen die Scheibe klopfen und sich hinter den Vorhängen verstecken – das Fenster ist vielleicht der wichtigste Bestandteil eines guten Gartenhäuschens.

Um das Gartenhaus herum habe ich alles wachsen lassen, was essbar ist: Giersch, Löwenzahn, Borage, Stockrosen und so alles Mögliche, was von selbst aufgetaucht ist. Die Brennnesseln neben dem Eingang habe ich ausgerissen, damit meine Tochter sich nicht wehtut. Dafür habe ich dem Weg entlang noch etwas Minze und Monatserdbeeren dazugeschmuggelt.

Ein Schiff wird kommen

Im Hochsommer gibt es kein besseres Spielzeug für Kinder als einen Gartenschlauch. Auch ein paar simple Eimer mit Wasser, und natürlich Gießkannen. Wer braucht da noch ans Meer zu fahren? Sowieso haben wir das Meer nun selbst im Garten. Es ist circa einen Meter lang und einen halben Meter breit. Die ausgediente Teichschale hatte ich im Gestrüpp gefunden, als ich den Garten neu anlegte. Da nun ein Schiff in unserem Garten steht, eine ausgediente Schaufensterdekoration, schön bunt bemalt und riesengroß, musste auch ein Meer her. Also habe ich die Teichschale vor dem Schiff in den Boden versenkt. Meiner Tochter war sofort klar, dass das Meer riesengroß ist, sie stand an Deck, hielt nach Piraten Ausschau und verkündete, sie sehe sogar Delfine.

Inzwischen ist das Schiff einigermaßen im Gebüsch eingewachsen, Efeu klettert am Bug hoch und durch die Luken schauen Brombeeren hervor. Sowieso ist es nun zu wackelig, und meine Tochter und ihre Freundinnen sind zu groß, um noch darauf herumzuklettern. So eingewachsen, sieht es immer noch lustig aus. Und überhaupt finde ich es interessant, wie Dinge und Gegenstände sich entwickeln im Garten, wie etwas zunächst Neues allmählich zerfällt und von den Pflanzen zurückerobert wird. Nicht

alles muss immer für die Ewigkeit Bestand haben! Im Kinder-Garten gilt das umso mehr, als die Bedürfnisse der Kleinen sich sowieso rasch verändern.

Schlaraffenland für die Kleinen

Meine Tochter nimmt ihre Freundinnen bei der Hand und zeigt ihnen, wo die Monatserdbeeren wachsen, sie zeigt ihnen, was sie anfassen und pflücken dürfen und was nicht. Sie zeigt ihnen, welche Blüten man essen kann und welche nicht. Manchmal macht das die anderen Mütter nervös, aber sie kennt sich wirklich sehr genau aus mit meinen Pflanzen. Und außerdem habe ich derzeit

Bild links: **Ein improvisiertes Gartenhaus aus drei ausgedienten Kleiderschränken. Zwei Eimer Farbe, ein alter Vorhang, basta.**
Bild unten: **Käpt'n ahoi! Das Schiff stammt von einer Schaufensterdekoration. Man könnte natürlich auch selbst eines zimmern.**

nichts in Kinderreichweite, was sehr giftig wäre. Unbeaufsichtigt lasse ich die Kleinen auch nicht, ich habe schon immer ein Auge drauf, und falls sie auf die Idee kämen, sich an der Engelstrompete zu vergreifen, dann würde ich sofort eingreifen. Und dann sind die Kirschen reif. Ich freue mich selbst jedes Jahr wie ein Kind darüber. Meine Tochter und ich hängen uns Kirschenpärchen über die Ohren und hüpfen wie die Derwische in der Wiese herum. Wir stecken uns so viele Kirschen in den Mund, dass uns fast schlecht wird. Meiner Tochter läuft roter Saft am Kinn hinunter, alles ist klebrig, alles ist voll mit roten Flecken. Aber das ist egal. Wir haben sowieso unsere Badesachen an. Gleich hüpft sie wieder ins Bassin und füllt ihre Spielzeuggießkannen. Bei einer meiner Exkursionen auf die Mülldeponie habe ich Glück gehabt und einen ganzen großen Sack voller Sandkastenfiguren, Bälle und Kindergießkannen gefunden, alles in bestem Zustand. Ich habe sie in einen der großen Weidenkörbe gekippt, die ganz praktisch sind, um die Sachen am Abend wieder in den Schuppen zu tragen. Denn ein bisschen Ordnung muss auch sein. Nur wenn am Abend alles weggeräumt wird, kann man es am nächsten Tag wieder herausholen und erneut überall verstreuen.

Gemüse, das Kindern schmeckt

Bei meiner Tochter hält sich die Begeisterung für Kürbissuppe in Grenzen. Aber man kann aus den orangefarbenen Früchten auch leckere Kuchen oder Muffins backen. Kürbisse sind etwas vom Allerbesten, was der Garten überhaupt hergibt. Und etwas vom Kinderfreundlichsten noch dazu. Sie wachsen rasant, sie sind ein garantiertes Erfolgserlebnis, und am Ende lassen sich aus ihnen noch Halloween-Masken schnitzen und feine Kuchen backen. Was will man mehr von einer einzigen Pflanze? Eine ganz besondere Überraschung zu Halloween bekommt man, wenn man Namen,

Bild unten: Eigene Tomaten ernten macht Groß und Klein Spaß. Besonders beliebt bei Kindern sind süße Cherrytomaten.

Herzen oder andere Botschaften in die Kürbisse hineinritzt, bevor sie ganz reif sind. Dann bildet sich über der Verletzung ein Wulst, und die Schrift tritt schön hervor. Man muss das machen, sobald sie schon recht groß und hart, aber noch keinesfalls ausgereift sind, irgendwann gegen Ende Sommer. Sie brauchen dann noch gut einen Monat, damit die Verletzungen vernarben können. Sonst sind sie nachher nicht lange haltbar.

Hätte meine Tochter mit drei Jahren schon I-Tunes bedienen können, dann würde ich wetten, dass sie den Beatles-Klassiker »Strawberry Fields« ganz zuoberst bei ihren Favoriten markierte. Erdbeeren waren die ersten Jahre ihr Hauptinteresse im Garten. Und sie begnügte sich nicht damit, sich alle roten Erdbeeren in den Mund zu stopfen. Wenn sie keine reifen Beeren mehr fand, dann ging sie dazu über, alle grünen abzurupfen. »Nid guet«, sagte sie und legte sie alle in einer Reihe auf dem Boden aus. Und dann ging sie zum x-ten Mal an diesem Tag schauen, ob es bei den Himbeeren noch etwas zu naschen gab. Sie kannte bald jeden Strauch und wusste auch ganz genau, wo noch zwei, drei wilde Walderdbeeren wuchsen. Und so drehte sie ihre Runde durch den Garten, immer den Beeren nach.

Duft und Geschmack entdecken

Spielsachen sind das eine, aber was kleine Kinder am allermeisten begeistert, sind Düfte und süße Beeren. Kleine Nasen und Leckermäuler sind unersättlich. Und so ganz nebenbei lernen sie, sich gesund zu ernähren. Düfte sind etwas vom Faszinierendsten im Garten. Das kann man jemandem, der nicht gärtnert, gar nicht erklären – die Vielfalt der verschiedenen Rosendüfte, der Pfingstrosen, der Lilien und Resedas, die Nuancen und subtilen Varianten, das ist für mich jeden Sommer immer wieder ein überwältigendes Erlebnis. Umso mehr freute ich mich, als meine Tochter mit zwei, drei Jahren damit begann, hier und dort zu schnuppern, und sich bald von ihrer kleinen Nase durch den Garten führen ließ. Immer wieder drückte sie ihr Gesicht in die riesigen Blüten der Pfingstrosen. Sie roch überhaupt an jeder Blüte, an der sie vorbeikam. Immer wieder musste ich in die Knie gehen und schnuppern und ihr bestätigen, dass ich den Duft ebenfalls wahrnahm. Dann ging sie beruhigt weiter und suchte sich die nächste Blüte, um sie zu untersuchen und zu beschnuppern. Manche Rosen oder Pfingstrosen gefielen ihr so gut, dass sie diese kurzerhand abriss und dann stundenlang mit sich herumtrug, bis sie ganz matschig waren. Und dann entdeckte sie die Erde, sie wühlte mit ihren kleinen Händen in den Beeten, sie half mir, Salat zu

pflanzen. Alles dauerte nun dreimal so lange. Die Hälfte der Salatsetzlinge waren schnell geliefert, weil sie alle Blätter wegzupfte – und sie aufaß. Gut, sage ich mir, wenigstens isst sie Salat. Tatsächlich isst sie noch heute bei Tisch Salat, obwohl ich sie nie dazu aufgefordert habe. Und das ist doch schon mal etwas.

Pflanzen und säen

Im September sind sie alle verblüht, die Stockrosen, die Königskerzen, die Ringelblumen und die Jungfern im Grünen. Nun stehen ihre trockenen Samenstände verlockend bereit. An einem Wochenende haben sich die Kinder darüber hergemacht. Besonders fasziniert waren sie vom Schlafmohn. Zum Selbstsäen ist der natürlich etwas vom Feinsten. Die Kinder ziehen mit den Mohnkapseln durch den Garten, schütteln sie wie Pfefferstreuer über meinen Blumenbeeten aus. Als es mir zu bunt wird, drücke ich jedem eine Zellophantüte in die Hand, damit sie so viele Samen sammeln können, wie sie wollen. »Aber bitte bei euch zu Hause aussäen«, sage ich, ich habe hier nicht so viel Platz. Und Schlafmohn liebe ich zwar sehr, aber bitte nicht grad überall. Die Kinder füllen ihre Tüten und wollen dann gleich losziehen und alles hinter dem Hochhaus aussäen. Das funktioniert für die Stockrosen, die Königskerzen, Eselsdisteln, Karden und so weiter, eben alles, was sich auch leicht von selbst versamt. Schließlich fallen die Samen in der Natur einfach zu Boden und keimen dann, sobald die Temperatur richtig ist.

Die Kinder wollen jetzt am liebsten den ganzen Garten mitnehmen, sie machen sich über die Sonnenblumen der Nachbarin her, klauben Kerne heraus, sie sammeln die Kapseln der Jungfern im Grünen ein und so viele Ringelblumen, wie in den Tüten noch Platz haben. Aber als sie anfangen, reife Cherrytomaten in ihre Zellophantüten zu manschen, muss ich doch eingreifen. Ich hatte zwar auch schon alte Tomatensorten, die von selbst im Garten gewachsen sind. Aber meist sind sie dann zu spät dran, um noch reife Früchte zu bilden.

Die Älteste zeigt auf eine dicke Hagebutte: »Da sind doch Samen drin, oder?« – »Ja klar«, sage ich, »Rosen säen ist aber nicht ganz so einfach.« Und ich zeige ihr stattdessen, wie man Stecklinge schneidet von den Rosen. Das klappt am besten bei alten Rosen wie beispielsweise den Gallica-Rosen, die ganz leicht neue Wurzeln bilden. Aber Stecklinge finden die Kinder nicht so spannend, das ist zu abstrakt und dauert auch zu lange. Also machen wir uns hinter die Bohnen. Die Kinder helfen mir, die reifen Feuerbohnen

Bild 1: Viele Kinder wissen ja nicht mehr, wie eine Kartoffel wächst. Einmal selbst gepflanzt, ist dann alles klar.
Bild 2: Zarte Salatsetzlinge für zarte Finger.
Bild 3: Hau ruck! Und dann mal schauen, wer die größte Sonnenblume zieht.

zu ernten und die Kerne aus den verdorrten Schalen zu pulen. Und am Schluss – etwas Dramaturgie muss auch im Garten sein – zeige ich ihnen die Yin-Yang-Bohnen. Großes »Ah« und »Oh«! Einige der Bohnen tragen tatsächlich das Yin-Yang-Zeichen, manche aber haben lustige Gesichter, sie lachen, sie schneiden Fratzen, und eine Bohne scheint sogar die Zunge herauszustrecken!

Verantwortung übergeben

Beim Kartoffelnpflanzen helfen die Kinder gern. Die Knollen lassen sich leicht handhaben und sind auch nicht allzu heikel. Ein Loch graben, eine Kartoffel hineindrücken, zuschaufeln. Das macht Spaß! Und es dauert schließlich nicht ewig, bis die eigenen Kartoffeln geerntet und auf dem Feuer gebraten werden können! Überhaupt haben die Kinder Freude daran, selbst gezogenes Gemüse zu ernten. Sie naschen und verkosten es und sind dabei munter und neugierig. Sie entdecken neue Geschmäcke und fragen ständig, ob man dieses oder jenes auch essen kann. Und ich übergebe ihnen auch gern die Verantwortung für das Gemüse, das sie selbst pflanzen.

Meine Tochter und ihre Freundinnen haben ihre eigenen Sonnenblumen gesät. Natürlich sind diejenigen meiner Tochter am Ende viel größer geworden. Sie hat ihnen den ganzen Sommer über Wasser und Dünger gegeben, jedes Mal, wenn wir nach Hause kamen und an den Sonnenblumen vorbeigingen, hat sie nachgeschaut, ob sie Hunger oder Durst haben. Und als dann absehbar war, dass sie höher wuchsen als die anderen, oh, da war sie wahnsinnig stolz und hat sich noch mehr um sie gekümmert. Am Ende waren ihre 'King Henry' vier Meter hoch, und eines Tages kam sogar der ganze Kindergarten vorbei, weil sie den anderen Kindern ihre Sonnenblumen zeigen wollte.

Tiere für Kinder

Mit der Verantwortung für Tiere ist es etwas heikler, meiner Erfahrung nach. Die jungen Hühner werden eine Zeit lang zwar gern gefüttert, und auch als die Küken ausschlüpften, war die Begeisterung groß. Ansonsten aber hielt das Interesse jeweils nicht allzu lange. Bei den Pflanzen ist das hingegen einfacher zu handhaben. Große Begeisterung beim Säen und Pflanzen, und nachher wachsen sie weitgehend allein, da reicht es dann auch, wenn sich die Kinder nur ab und zu dafür interessieren und mal nachschauen, ob sie Wasser brauchen. Pflanzen verzeihen etwas Unaufmerksamkeit eher, Tiere wollen regelmäßige Pflege.

Mit den Kaninchen hatten wir ja, wie schon gesagt, kein Glück, weil sie gestohlen wurden, kaum dass sie groß genug für die Pfanne waren. Aber immerhin hat es Spaß gemacht, das Gehege zu bauen und anzumalen. Im ersten Moment dachte ich auch, ich dürfe meiner Tochter nicht sagen, dass jemand die Kaninchen geschlachtet hat. Ich redete ein bisschen um den heißen Brei herum, dass sie vielleicht weggelaufen seien. Aber da sagte sie schon selbst: »Ach was, die hat doch jemand gegessen.« Mit Verlusten muss man halt leben, so traurig das manchmal ist. Eine Zeit lang wurde das Kaninchenhaus dann rege für alle möglichen Plüschtiere gebraucht, mit denen man eigentlich sowieso besser spielen konnte als mit den Kaninchen, die ständig wegliefen. Und als bald darauf die Küken schlüpften, konnten wir diese im Kaninchengehege unterbringen, das war immerhin noch praktisch.

Bild unten: Fensterkästen mit Nelken und Bidens bepflanzen, da sehen die Mädels gleich das blühende Resultat ihrer Arbeit.

»Auch in einem winzigen Garten lassen sich Feste feiern!«

EIN PLATZ FÜR FREUNDE

Nur ein geteilter Garten ist ein wirklich lebendiger Garten. Und sosehr ich meine Pflanzen liebe, das eigentliche Herzstück meines Gartens ist der Sitzplatz auf den alten Waschbetonplatten hinter dem Haus. Dieser simple Platz ist im Sommerhalbjahr mein Wohnzimmer, hier habe ich genug Raum, um Gäste zu bewirten. Hier essen wir am Mittag in der Sonne, gemeinsam mit den Schulfreundinnen meiner Tochter. Hier sitzen wir abends mit Freunden zusammen. Manchmal stellen wir noch einen anderen Tisch dazu, dann können gut ein Dutzend Leute zusammen essen, obwohl weder der Garten noch der Sitzplatz groß sind.

Manchmal kümmert sich mein Partner um den Grill und bewirtet auch schon mal die Gäste, weil ich noch dringend ein paar Setzlinge gießen muss. Oh, bei der Bildauswahl haben wir gelacht, weil er auf allen Fotos immer nur den Prosecco entkorkt. Als wäre das sein wichtigster Beitrag zur Gartenarbeit. Aber warum nicht? Ich baue die Kulisse, und er ist der perfekte Gastgeber. So kommen wir einander nicht in die Quere, und am Ende sind alle glücklich und zufrieden.

SABINES TIPP

Um Sitzplätze herum pflanze ich nur Rosen, die fein duften und die kaum Dornen haben. Sonst ist schnell ein schönes Sommerkleid zerfetzt oder jemand hat zerkratzte Beine. Auch möchte sich niemand nach ein paar Gläschen Wein aus Versehen auf einen Kaktus setzen! Lieber ein paar Töpfe mit Funkien oder blühenden Pelargonien um den Sitzplatz herum arrangieren.

Gute Stühle

Weil der Sitzplatz das eigentliche Zentrum des Gartens ist, beschloss ich im letzten Frühjahr, dass wir uns auch mal richtige, gute Gartenstühle leisten könnten. Wenn die Stühle bequem sind, bleibt man auch gern noch etwas länger sitzen. Bisher hatte ich immer irgendwelche Stühle aus dem Sperrmüll gefischt, die noch ein oder zwei Jahre lang taugten, bis sie dann jeweils völlig kaputt waren und wieder dorthin gebracht wurden, wo sie hergekommen waren.

Nun stehen dort acht wunderbare fjordblaue Stühle von Fermob – eine moderne Interpretation der klassischen Stühle aus dem Jardin de Luxembourg in Paris. Das Problem war lediglich, dass die Stühle so schön sind, dass irgendwelche alten Tische nicht mehr recht dazupassen wollten. Ich habe dann ziemlich lange herumgerückt und umgestellt und ausprobiert, bis wieder alles passte. Einen angerosteten türkisblauen Tisch habe ich mit einer Kollegin gegen einen angerosteten roten getauscht, und den gro-

ßen alten Tisch mit den geschwungenen Metallfüßen, der letztes Jahr erst gelb war und dann grau und dann bordeauxrot, den habe ich dunkelgrün gestrichen. Und eine rote Pelargonie in einer hübschen Tonschale draufgestellt. Jetzt bin ich endlich zufrieden mit meinen Gartenmöbeln! Ich bin in diesen Dingen fast so pingelig wie mit meinem Outfit … Meine Handtasche muss absolut zu den Schuhen passen und der Nagellack zum Seidenschal. Ich kann auch nichts Gescheites schreiben oder gestalten, wenn das Drumherum nicht stimmt. Genau betrachtet, ist das scheinbare Chaos eben doch ziemlich sorgfältig arrangiert.

Die letzten Wochen beschäftigten mich also die Gartenmöbel vor meinem Küchenfenster, die sehe ich ja noch öfter, als ich mich selbst im Spiegel sehe, weil ich ständig mit einer Kaffeetasse in der Hand an diesem Fenster stehe und irgendetwas im Garten betrachte. Ich freue mich noch heute drüber wie ein kleines Kind, freue mich vor allem auch jedes Mal, wenn ich mich hinsetze. Gute Stühle sind eine wunderbare Sache! Ein Tisch, der nicht wackelt, ein paar bequeme Stühle, vielleicht noch ein passender Sonnenschirm dazu – ja, das sind die Investitionen, die wirklich Lebensqualität bedeuten! Nun genießen wir die kostbaren Stunden im Garten wie Könige ihr kleines buntes Reich, egal, ob hier oder dort Unkraut sprießt oder grad ein paar Raupen sich an meinen Kohlköpfen erfreuen. An einem lauen Sommerabend spielt dies alles keine Rolle, und wir sind einfach glücklich, so bequem und gemütlich in der letzten Abendsonne zu sitzen.

Nächtliche Duftorgie

Besonders lieben wir unseren Garten in den milden Abendstunden. Nun kommen die hellen Blüten besonders gut zur Geltung; Weiß, Lila und sanfte Pastelltöne wirken in der Dämmerung am romantischsten. An den lauen Abenden im Juli sehen wir nach dem Essen jeweils den Nachtkerzen zu, wie sie ihre zitronengel

ben Blüten entrollen, und staunen immer von Neuem über ihren intensiven Duft. Bei schönem Wetter öffnen sie sich gegen halb zehn, wenn der Himmel bewölkt ist oft schon um neun Uhr. Plötzlich tauchen die Junikäfer auf, und die Bienen. Dann handelt es sich nur noch im Minuten, und das Spektakel geht los: eine um die andere entrollen sich die Blüten, mit einer zarten Drehung, so als stünden sie unter Spannung. Und dann leuchten sie hellgelb in der Dämmerung, lauter kleine Laternen, und die Bienen tauchen ein, und fliegen mit Blütenstaubfäden behaftet weiter. Zauberhaft, einfach zauberhaft! Und das Beste an den Nachtkerzen: sie sind ganz von alleine hier aufgetaucht. Ihre Samen liegen fast überall im Boden, ich hatte sie in jedem meiner Gärten. Der Trick ist nur, sie beim Jäten nicht auszureißen! Und wenn sie einmal da sind, versamen sie sich auch gut, und kommen jedes Jahr wieder.

*Bild unten: **Und nun geht's rund mit Nachbarn und Freunden.***

Zitierte Bücher und weiterführende Literatur

Allen, Jenny: *Smart Permaculture Design.* New Holland Publishers: London 2007.

Battaglia, Denise und Koechlin, Floriane: *Mozart und die List der Hirse. Natur neu denken.* Lenos: Basel 2012.

Crawford, Martin: *How to grow Perennial Vegetables.* Green Books: Devon 2012.

Deppe, Carol: *Breed your own vegetable varieties.* Chelsea Green Publishing: Vermont 2000.

Gillman, Jeff: *The truth about Garden Remedies.* Timber Press: Portland 2008.

Grall, Ulla: *Bohnen – vom Garten in die Küche.* Pala-Verlag: Darmstadt 2011.

Groult, Jean-Michel: *Verbotene Pflanzen. Psychoaktiv bis invasiv.* Ulmer: Stuttgart 2011.

Guinness, Bunny und Knox, Jacqueline: *Garden your way to health and Fitness.* Timber Press: Portland 2008.

Hensel, Wolfgang: *120 populäre Garten Irrtümer. Und wie man sie vermeidet.* Kosmos: Stuttgart 2011.

Koechelin, Floriane: *PflanzenPalaver.* Lenos: Basel 2009.

Kreuter, Marie-Luise: *Der Biogarten.* BLV Buchverlag: München 2012.

Laws, Bill: *Zwiebel, Safran, Fingerhut. 50 Pflanzen, die unsere Welt verändert haben.* Gerstenberg: Hildesheim 2012.

McIndoe, Andrew: *Losing the Plot.* AA Publishing: Basingstoke 2009.

Storl, Wolf-Dieter: *Bekannte und vergessene Gemüse.* AT Verlag: Aarau 2012.

Thompson, Ken: *Kompost.* Dorling Kindersley: München 2009.

Westphal, Uwe: *Hecken. Lebensräume in Garten und Landschaft.* Pala Verlag: Darmstadt 2011.

Witt, Reinhard: *Der unkrautfreie Garten.* Obst- und Gartenbauverlag: München 2012.

Wong, James: *Grow your own drugs.* HarperCollins Publishers: Hammersmith 2009

Stichwortverzeichnis

Seitenzahlen mit * verweisen auf Abbildungen.

DANKSAGUNGEN

Die Autorin dankt:

Jeanne Rose und Yves für alles. Und Stöh für die wunderbare Zusammenarbeit.

Wolfgang für Freundschaft und die Redaktion. Philipp von Pro Specie Rara für's Gegenlesen. Maurin für Fachwissen und Diskussionen. Roman und Ondine für's Mitdenken.

Der Fotograf dankt:

Seiner verstorbenen Mutter Titi.
Seinem verstorbenen Freund und Förderer Klaus Koch.
Seinen Kindern Ana und Pablo.

FÜR JEANNE ROSE

Gemeinsamer Dank:

Ein großes Dankeschön an alle, die bei den Fotoshootings mitgemacht haben:
Jeanne Rose, Jasmin, Christine, Ananda, Renate und Florin, Godi, Janis, Nils und Irina, Aschi und Asudeh, Markus und Julia, Yves.

Ein großes Dankeschön auch an unsere Freunde, Verwandte und Bekannte, die uns in ihren Gärten und auf ihren Balkonen fotografieren ließen:
Helblings am Fischerweg in Biel: Seite 4, 8/9, 33, 51, 58, 68, 74, 81, 92, 97, 99, 111, 124, 148
Nell und Thom in Dotzigen: Seite 28, 67, 80, 127
Marcel und Betty in Diesse: Seite 23, 27, 36, 43, 97, 134
Liselotte und Hindrik vom Camping Lindenhof in Sutz-Lattrigen: Seite 52
Wyss Samen und Pflanzen AG; Versuchsgarten in Zuchwil, Maurin Oberholzer: Seite 7, 40, 73, 82, 86, 98, 105, 114, 143, 160, 163
Alle übrigen Bilder wurden in den Gärten der Autorin und auf dem von der Autorin gestalteten Balkon des Fotografen gemacht.

Sabine Reber lebt als freischaffende Schriftstellerin und Gartenpublizistin mit ihrer Tochter am Bielersee in der Schweiz. Zuvor hatte sie acht Jahre in Irland gelebt und dort gärtnern gelernt. Sie hat bereits drei Romane, drei Gedichtbände und vier Gartenbücher veröffentlicht. Sie berät in Gartenfragen, hält Kurse und Vorträge und arbeitet als Gartenkolumnistin für verschiedene Schweizer Medien. Für ihre Bücher und Gärten ist sie mehrfach ausgezeichnet worden.

Mehr Infos unter www.blumenundworte.ch

Stöh Grünig, mehrfach preisgekrönter Schweizer Fotograf, ist vorwiegend in der Werbe- und Sportfotografie tätig. Seine Arbeiten zeichnet ein einfühlsamer Umgang mit Menschen, Lichtstimmungen und Situationen aus, ihm gelingt es, den einen besonderen Augenblick einzufangen und festzuhalten. Seit einigen Jahren arbeitet er mit Sabine Reber auch an Gartenthemen.

Mehr Infos unter www.stoeh.ch

Impressum

Bibliografische Information der
Deutschen Nationalbibliothek
Die Deutsche Nationalbibliothek verzeichnet diese Publikation in der Deutschen Nationalbibliografie; detaillierte bibliografische Daten sind im Internet über http://dnb.d-nb.de abrufbar.

BLV Buchverlag
GmbH & Co. KG
80797 München

© 2013 BLV Buchverlag GmbH & Co. KG, München

Das Werk einschließlich aller seiner Teile ist urheberrechtlich geschützt. Jede Verwertung außerhalb der engen Grenzen des Urheberrechtsgesetzes ist ohne Zustimmung des Verlags unzulässig und strafbar. Das gilt insbesondere für Vervielfältigungen, Übersetzungen, Mikroverfilmungen und die Einspeicherung und Verarbeitung in elektronischen Systemen.

Bildnachweis: Alle Bilder von Stöh Grünig, außer:
Seite 128 (Johanniskraut): Onur Uenal
Seite 191 rechts (Portrait Stöh Grünig): Sabine Reber

Umschlagkonzeption: Kochan & Partner, München
Umschlagfotos: Stöh Grünig

Programmleitung Garten: Dr. Thomas Hagen
Lektorat: Redaktionsbüro Wolfgang Funke, Augsburg
Herstellung: Ruth Bost
Layoutkonzept Innenteil: griesbeckdesign, München
Satz und Layout: griesbeckdesign, München

Gedruckt auf chlorfrei gebleichtem Papier
Printed in Germany

ISBN 978-3-8354-1066-4

Hinweis
Das vorliegende Buch wurde sorgfältig erarbeitet. Dennoch erfolgen alle Angaben ohne Gewähr. Weder Autorin noch Verlag können für eventuelle Nachteile oder Schäden, die aus den im Buch vorgestellten Informationen resultieren, eine Haftung übernehmen.

Eine andere Welt ist pflanzbar!

Karen Meyer-Rebentisch
Das ist Urban Gardening!
Jetzt wird überall gepflanzt – das neue urbane Lebensgefühl: inspirierende
Reportagen und Interviews mit tollen Fotos · Projekte in ganz Deutschland:
neue Formen des Gärtnerns in der Stadt ausprobieren, sozial handeln, sich
gemeinsam engagieren · Gemeinschaftsgärten, interkulturelle Gärten, Nach-
barschaftsgärten, Gemüsebeete zum Mieten, Kinderbauernhöfe und mehr.
ISBN 978-3-8354-1077-0

www.blv.de